古代歷史文化研究輯刊

二三編

王明蓀 主編

第 11 冊

中緬玉石貿易的研究：
開採、交易與運輸之探討（1790～1946）

呂侃達 著

國家圖書館出版品預行編目資料

中緬玉石貿易的研究：開採、交易與運輸之探討（1790～1946）
／呂侃達 著 — 初版 — 新北市：花木蘭文化事業有限公司，
2020〔民 109〕
序 8+ 目 4+162 面；19×26 公分
（古代歷史文化研究輯刊 二三編：第 11 冊）
ISBN 978-986-518-036-2（精裝）
1. 寶石　2. 玉器　3. 中國　4. 緬甸
618　　　　　　　　　　　　　　　　　　　　　　　109000479

ISBN-978-986-518-036-2

9 789865 180362

古代歷史文化研究輯刊
二三編　第十一冊　　　　　　　　ISBN：978-986-518-036-2

中緬玉石貿易的研究：
開採、交易與運輸之探討（1790～1946）

作　　者　呂侃達
主　　編　王明蓀
總 編 輯　杜潔祥
副總編輯　楊嘉樂
編　　輯　許郁翎、張雅淋　美術編輯　陳逸婷
出　　版　花木蘭文化事業有限公司
發 行 人　高小娟
聯絡地址　235 新北市中和區中安街七二號十三樓
　　　　　電話：02-2923-1455 ／傳真：02-2923-1452
網　　址　http://www.huamulan.tw 信箱 hml810518@gmail.com
印　　刷　普羅文化出版廣告事業
初　　版　2020 年 3 月
全書字數　121688 字
定　　價　二三編 21 冊（精裝）台幣 55,000 元

中緬玉石貿易的研究：
開採、交易與運輸之探討（1790～1946）

呂侃達　著

作者簡介

呂侃達，1991 年出生，成長於臺灣新竹城隍廟周邊。大學畢業於國立臺中教育大學區域與社會發展學系歷史地理組、碩士畢業於國立暨南國際大學歷史學系碩士班。研究興趣包括東南亞史、中國近代史、近代中緬貿易史、中緬玉石貿易、臺灣各地鄉土文化等。2013 年至 2016 年擔任《暨南史學》第 17 至 19 號責任編輯，2018 年獲得「臺灣東南亞學會碩士論文獎」第二名。先後曾於國立竹東高中、新竹市立竹光國中教授歷史。

提　　要

　　十九世紀以前，中緬間的玉石貿易雖已發展許久，但由於華人尚無法克服緬甸克欽山區的瘴氣，以及對當地土著的恐懼，華人只敢於八莫一帶購買由當地土著運至的玉石。

　　十八世紀後期清軍在克欽山區的軍事行動，間接地促使華人自十九世紀起逐漸深入至猛拱地區採購玉石。1856 年至 1873 年間的雲南回變，迫使華人離開原鄉，克服恐懼，進一步深入至霧露河採掘玉石。爾後，隨著 1894 年《中英續議滇緬界務商務條款》的簽訂、1898 年緬甸縱貫鐵路延伸至密支那，以及 1902 年騰越的開埠，更促使更多的華人赴霧露河挖掘玉石。至二十世紀前期，華人已成為霧露河玉石礦工中的主力，華人在霧露河流域採掘玉石的方式的相關紀載也已十分詳細。

　　上述的歷史事件，也使得中緬玉石貿易的運輸途徑發生變遷。1790 年後，中國方面的文獻開始有緬甸玉石經由海路運至廣州販售的紀載，但在十九世紀中葉以前，中緬間的玉石貿易主要還是以陸路途徑為主。1856 年至 1873 年間的雲南回變，使滇緬間的交通路線顯得危險，同一時期，英國積極地開發緬甸伊洛瓦底江航運及建設鐵路，使得緬甸南北間的交通變得便利，中緬間的玉石貿易路徑，因此在 1870 年後逐漸以海路為主。透過 1870 年至 1946 年間中國海關資料中洋貨玉石的進口量分析，可以證明十九世後期至二十世紀前期，緬甸玉石大部分是透過海路運輸至中國沿海各埠販售，經由陸路運至騰越已是少數。

序
——賭玉石、走夷方

李盈慧

　　走在雲南邊境的古鎮「和順」，不經意就可以看到玉石商店，旁邊或者即是小型工作場，工人正忙碌著精雕細琢一顆「石頭」，牌匾上寫著「一刀窮、一刀富」，另一個牌匾則是「三分眼光、七分運氣」，究竟雕琢一顆「石頭」之後，是發家致富了？或者依然如故？

　　過了重重山脈，來到中國和緬甸的邊境，這是長期以來雲南人民「賭石」的所在。再往南走，到了曾經是緬甸首都的大城「曼德勒」（Mandalay），該城也即是「阿瓦」古都，華裔人士更喜歡稱之為「瓦城」。「瓦城」有玉石的大市集，一早來到玉石市集，已是人聲鼎沸，狹窄的空間，密集的人群，眼花撩亂的各種玉石，價格歧異，初來乍到的人們已然如迷途之羊，成為「待宰」的「貴」客。

　　有別於東南亞其他大城市的華人會館，總是以福建、廣東人為主，「瓦城」的雲南會館極為氣派，規模很大，占地甚廣，呈現出緬甸華人中一群很特殊的群體。為何如此？雲南鄰近緬甸，固然是雲南人移居來此的主要原因，但是不容否認，「賭一個發家致富的未來」恐怕才是更為吸引雲南人「走夷方」的根本原因，賭什麼？「賭石」！

　　買下中、緬邊境的一個玉石礦區，如果眼光夠精準，或者運氣夠好，「三分眼光、七分運氣」，經過雕琢之後，成為精美的「翡翠玉石」，那麼衣錦還鄉是指日可待的。

　　玉石礦區在中、緬邊境，經過開採後，將玉石原礦運輸出山，可能送往雲南的邊區城鎮，如「和順」古鎮，也可能運往緬甸境內的大城市，例如緬甸古都「曼德勒」。玉石的加工、雕刻、販賣就可能在「和順」或「曼德勒」進行。

　　2016 年夏末，侃達與我第一次來到「瓦城」，除了古城和各個古蹟吸引我們的眼光之外，「玉石商店」是我們最爲關注的。只要稍稍留意，就會發現經營玉石商店的人絕大部分是華人。當然也可能有緬甸人從事玉石的貿易，不過，這個課題並不是侃達與我的共同興趣。

　　侃達進入暨南國際大學歷史學系就讀碩士班研究所後，即表明他對於緬甸玉石的運輸和銷售具有濃厚的興趣。玉石雖然出自緬甸，然而佩戴緬甸玉石的人，卻以華人居多。系裡的同事知道我長期的研究興趣在於東南亞華人史，於是紛紛建議他來找我談一談，就此開始了我們的師生緣份。

　　海外華人的歷史是我長期的研究重心，而侃達關注的是緬甸玉石的運輸和銷售。我們的交集即在於：移入緬甸的華人群體中，是哪些人從事緬甸玉石的開採、買賣和運輸？

　　有了研究構想，但是從何處開始入手？前人的相關研究甚少，侃達不知如何著手。運輸和銷售，涉及貿易發展，既然是跨國的生意，我建議他從「中國舊海關貿易總冊」中找線索。他認真地找了一陣子，感到有一些心得。這份史料成爲後來支撐他的研究的重要文獻，如果沒有參考《中國舊海關史料》，本書的許多論述都無法出現。

　　我原本期待他做出更大的框架：「物流與人流」，但是限於時間壓力，只好建議他將範圍縮小，於是成爲目前呈現出來的樣貌。碩士論文完成前，我與他花了很多時間討論，並幫他修改文句，還要他特別加強地圖的繪製，以使閱讀者能夠很快地理解開採和運輸路線的變化。這本書就是侃達的碩士論文之修訂版。

　　我們在緬甸仰光和曼德勒旅行、研究的過程中，特別受惠於暨大東南亞研究所的博士生彭霓霓和她妹妹的協助，暨大「國際及兩岸事務處」的李信小姐也給予我們一些重要的訊息，而仰光大學歷史學系黃吉利教授的熱情接待和提供支援，也令人難忘。還有許多應該感謝的緬甸華裔人士，希望有機會向他們當面致謝。

　　另外，要特別感謝我的同事唐立宗老師，他是明清地方志的專家，在這方面提供了非常重要的訊息和意見。

　　緬甸玉石如何被開採、買賣和運輸？在這些過程中，緬甸華人顯然扮演了極爲重要的角色。緬甸玉石最初是由當地人挖掘而由雲南人販運，而後發展出雲南人進入緬甸境內進行開挖、運輸和販賣等，這是一般人所熟知的陸

路交易路線。但是近代以來，由海上貿易運入中國的緬甸玉石，卻有後來居上的趨勢。

　　侃達這本書最大的突破點是搜索 70 多年的中國舊海關資料、清代的各種文獻，以及近人的滇緬邊區調查報告，從而發現近代以來由海路運入中國的緬甸玉石數量遠遠超過陸路運輸量。這一結果是前人研究中從未被提到的。一般人皆知滇緬之間的緬甸玉石貿易，卻不知近代以來這一路線的貿易量並不算多，而一般人未注意的海上緬甸玉石貿易反而是較為發達的，本書的最大貢獻即在於這一現象的提出。

　　從華人史的角度來看，由陸路移民緬甸的雲南華人在緬甸玉石交易上固然有其重要性，但是從海路移居緬甸的廣東人、福建人在這一貿易活動中也有其地位。這是本書的另一啟示。

　　以上這些發現都非常有價值，並且修正了長期以來的既定觀念。

　　至於玉石開採、買賣和運輸的故事如何開展？隨著時代的演變，以及英國殖民緬甸的進程，玉石貿易究竟發生了什麼變化？就請有興趣的讀者慢慢讀下去。

李盈慧

於埔里、暨南國際大學

2019/3/28

自　序

　　在我就讀國立暨南國際大學歷史學系碩士班期間，常有人問我，爲何想要寫與緬甸玉石相關的主題？其實，有這樣的研究源起，與我的父母有很大的關係。自我有記憶起，我的父母就在臺灣各大玉器市場從事緬甸玉器生意，此外，他們也時常至廣州、四會等地，購買緬甸玉石原礦再發往當地加工廠加工，或是直接向當地批發商購買玉器回臺灣販售。因此，幼年的我還以爲緬甸是中國的一個地方名，而這樣的錯誤認知，直到我小學三年級後才矯正過來。

　　在國立臺中教育大學社會科教育學系（現爲區域與社會發展學系）就讀時，開始接觸較爲深入的歷史研究。當時修了許世融老師開的「史學方法」課程，課程中許老師要我們選擇一個研究主題，來撰寫一篇小論文，就在此時，我開始了想要研究我家老本行的念頭。然而，當時的我一方面對於史學研究的技巧還處於萌芽階段，另一方面想要平安順遂的修過這門課程，因此選擇了較爲安全的主題來練習。不過，在許老師的這門課中，我學到了史學方法的入門技巧，對於我日後的研究有很大的幫助。至於我何時開始認眞想要著手針對我家老本行做研究，則是在我就讀暨大歷史碩士班期間。

　　在我念碩士班時，我的父母有感於體力大不如前，而有了想要把緬甸玉器生意結束掉的念頭。就在這時，我開始了一個想法，就是研究中緬間的玉石貿易，來向身爲緬甸玉石商人的父母致敬。

　　當我決定以中緬玉石貿易相關主題爲論文題目後，即接受我的論文指導教授李盈慧老師的建議，開始相關的研究回顧與文獻探討。然而，在這過程中，我發現與中緬玉石貿易直接相關的資料很少，當時的我內心想「直接相

關的史料這麼不足，難怪研究的人這麼少」。遇到這個狀況，李老師建議我可以轉向海外華人的相關研究回顧著手，也建議我參加唐立宗老師的明清史讀書會，可藉此加強清代文獻的解讀能力。

在做研究回顧的過程中，我瞭解到中緬間的玉石貿易，與華人在緬甸的發展有很大的關係，無論是開採、買賣，或是運輸。因此，我廣泛地閱讀十九至二十世紀初中國方面的相關文獻著作，從中蒐集與華人在中緬間貿易玉石有關的資料。不過，既然是跨國貿易，若有數據資料會更加地有說服力。針對這一點，李老師建議我可以從中國舊海關貿易總冊中尋找蛛絲馬跡。果然，在津、江、粵、騰越等海關資料中蒐集到了緬甸玉石的長期進口數據，以及更為詳細的緬甸玉石進口來源地資料。這份史料，成為了我的研究的重要骨架，藉由這一骨架，建構起本書的論述基礎，即中緬玉石貿易起初以陸路為主，近代以來漸漸轉以海路為主的變化過程，而這樣的變化過程，與閩粵華人在下緬甸的發展，以及英國在緬甸的交通建設有關。在研究完成階段，我與李老師反覆地針對文句做修改，並以地圖呈現文句中所描述的交易站與交易路線，使之能更具體地呈現於讀者眼前。

碩士畢業後，我將此篇論文投稿參加「臺灣東南亞學會碩士論文獎」，並得到該會的肯定，獲得第二名。在這之後，花木蘭文化事業有限公司邀請我將碩士論文出版，經過半年的修訂，終於修訂完成此書。

此書在碩士論文的撰寫階段，承蒙指導教授李盈慧及導師唐立宗、系上李廣健、陳信治、王良卿、林蘭芳、李今芸、許紫芬、中研院史語所邱仲麟等老師的啓發與指導。暨大東南亞學系博士生彭霓霓學姊和他的妹妹彭淇綺小姐、暨大國際事務處的李信組長協助安排了我與李老師在仰光與滿德勒的旅行與口述訪問對象。我與李老師訪問緬甸仰光大學期間受到黃吉利老師的熱情招待；K. Khine Kyaw 老師提供他的碩士論文，充實了我的緬甸玉石相關知識。在曼德勒時，接受我與李老師訪問的各位緬甸華裔人士，讓我能更加地瞭解緬甸玉石貿易的現況。論文口試時，陳鴻瑜老師針對緬甸史的相關知識、專有名詞的相關中文翻譯，以及論文內容的宏觀探討，令我的論文以及相關知識都有所加深加廣；張雯勤老師以人類學的角度，提出了許多的建議，使我的論文與相關知識都能更加地豐富。暨大歷史系廖文媛助教、張逸助教、蔡韻涵助教協助我學科考試、論文大綱發表、論文口試等事宜。劉伊芳學姊在論文大綱發表時給了我很多研究的建議。衛姿伃學姊細心地審閱全稿。郭

偉鴻學長、陳一中學長、陳鴻明學長、陳宣羽學姊、陳祥忠同學、蔡松廷同學、李昀樺同學、陳彥儒學妹、鄧淑瑜學妹、林書曲學妹、莊毓婷學妹、許玉欣學妹、盧貞諺學妹，以及暨大輔諮所張伯維同學、財經所藍韋翔同學，在我求學的路途上，給予很多的協助與支持。對於上述的所有支援，在此一併致上最深的感謝。

　　此書所要呈現的不只是中緬玉石貿易從陸路為主的局面，轉變成以海路為大宗的過程，若以海外華人史的角度，這樣的過程其實也是緬甸華人社會從「翻山華人」為主要的態勢，漸漸在十九世紀後期轉變為「翻山華人」與「渡海華人」二元發展的局面的過程。

　　期望此書的內容，能對瞭解中緬玉石貿易的變遷、華人在緬甸的玉石開採和運輸、水陸兩貿易路線的變遷，能有些許的貢獻。

呂侃達

於新竹、和福巷內

2019/3/29

目

次

圖目次

緒　論

壹、研究緣起

　　緬甸玉石產於緬甸克欽邦的霧露河流域，主要組成物質為矽酸鈉鋁（NaAlSi$_2$O$_6$），〔註1〕是一種硬玉，主要有綠、紫、白、黃、紅等色彩，其中以綠色最為珍貴，被稱為「翡翠」。長久以來，緬甸玉石是華人玉石市場中的主要商品，近幾年更因為中國消費市場的蓬勃，價值水漲船高。

　　近期，導演趙德胤跟隨他的大哥進入緬甸的玉石礦區，記錄他們一行人在礦區的作業，並將其剪輯成紀錄片《挖玉石的人》〔註2〕、《翡翠之城》〔註3〕等紀錄片，呈現了緬甸玉石礦區的真實樣貌。在紀錄片中，吃飯、挖玉石、吸毒、躲避軍警突襲等場景一再地重複上演。〔註4〕然而，這些在玉石礦區發生的故事，並不只發生於當代，也不只發生於趙德胤大哥在玉石礦區所經歷過的二十二年，早在二十世紀初便已是家常便飯，據《外交部》檔案調查報告指出：

> 走廠挖玉者，百分之六十為華人，百分之四十為緬人與野人。一旦挖或玉石，發財多惟烟賭是務，意外之財，浪費毫無稍息，能持盈保泰而歸者罕矣。倘始終未挖獲玉石，則狼狽之狀，更不堪言矣。〔註5〕

〔註1〕 楊伯達，〈勐拱翡翠流傳沿革考〉，《中國歷史文物》3（北京，2005），頁4～17。

〔註2〕 《挖玉石的人》上映於2015年，並入選當年的臺北電影節。

〔註3〕 《翡翠之城》入圍第22屆柏林影展，上映於2016年，並入選當年的臺北電影節。

〔註4〕 張雯勤，〈夢想與毀滅之域：看趙德胤的《翡翠之城》〉，引自「芭樂人類學」，網址：http://guavanthropology.tw/article/6538，擷取日期：2016/11/12。

〔註5〕 《外交部》檔案，〈滇緬北段界務調查報告〉，臺北：中央研究院近代史研究所檔案館藏，館藏號：11-29-11-09-043，頁42～43。

由這則引文可知，在二十世紀前期，霧露河玉石廠區〔註6〕中的礦工，華人已佔大多數。然而若翻閱各種史料文獻可以發現，華人並非一開始就進入玉石廠區參與玉石採掘，而有其發展歷程。

早期，華人由於對克欽山區「生番嵐瘴」〔註7〕的恐懼，多不敢深入發展，若要取得玉石，只敢在伊洛瓦底江上游要邑蠻莫（今八莫）向當地人採購，因此當時中國文獻有蠻莫出產玉石的描述。十九世紀開始，華人開始敢於深入克欽山區，到猛拱交易玉石，因此這時的中國文獻有猛拱出玉石的敘述。十九世紀後期，華人入緬交易玉石漸多，甚至可能已進入霧露河流域挖掘玉石，因此中國文獻開始能準確地描述緬甸玉石產地位於霧露河流域，至二十世紀前期，中國官方開始有霧露河玉石廠區的實地調查記錄。〔註8〕

從這樣的發展歷程可知，華人深入克欽山區交易玉石，甚至是挖掘玉石的歷程，是克服對當地土著與瘴癘恐懼的過程，而促使華人逐漸深入克欽山區至霧露河流域交易與挖掘玉石的因素，是十九至二十世紀前期的雲南社會經濟狀況、緬甸的政局、英國勢力在緬甸的發展，以及中緬貿易的發展。這些因素，也使得緬甸玉石自產地運往中國消費市場的途徑，由陸路轉變為以水路為主。上述因素如何影響華人克服對克欽族與瘴癘的恐懼，逐漸深入克欽山區交易，甚至是參與挖掘玉石，這些因素，如何影響中緬玉石貿易的主要途徑由陸路轉變為水路，是本研究最想要探討的課題。

本研究的題目為〈中緬玉石貿易的研究：開採、交易與運輸之探討（1790～1946）〉，研究的目的主要有四個方向。首先，本研究要討論十九至二十世紀前期中緬玉石貿易發展的背景，包括雲南社會經濟發展、緬甸政局發展、英國勢力在緬甸的發展，以及中緬貿易的發展，透過這些背景因素的釐清，瞭解它們如何影響中緬玉石貿易的發展。其次，本研究要討論華人在緬甸的玉石交易地點的變遷，透過交易地點的變遷，瞭解華人在克欽山區從單純赴緬購買玉石，到進入霧露河玉石產地參與玉石挖掘的歷程，以及中緬玉石貿易水路途徑的交易地點。接著，本研究要討論華人進入霧露河玉石廠區後，

〔註6〕 「廠」即現代所認知的礦場，在 19 世紀末至 20 世紀初的中國官方資料常以「玉石廠」來泛稱緬甸克欽邦霧露河流域的玉石產地。

〔註7〕 〔清〕闕名，〈緬藩新紀〉，收入〔清〕王錫祺編，《小方壺齋輿地叢鈔》帙 10 冊 52，臺北：廣文書局，光緒 17 年上海著易堂鉛印本，1962。

〔註8〕 《外交部》檔案，〈滇緬北段界務調查報告〉，頁 42～43。

他們在玉石廠區挖掘玉石的流程與各項成本，以及中緬玉石貿易的陸路運輸路線變遷。最後討論中緬玉石貿易水路途徑發展的背景因素，以及緬甸玉石運至中國後的主要目的地。

本研究的年代斷限部分，由於1790年是清政府解除因清緬戰爭而實施的滇緬邊界閉關禁市的時間點，因此本研究以此為探討的開始；以1946年為本研究的結尾則是因為本研究主要採用的史料——《中國舊海關史料》針對中國進口玉石的相關數據只記錄到這一年份的原因。

貳、研究回顧

在前人的研究中，較少針對中緬玉石貿易的開採、交易與運輸做的研究專論。然而，與本研究相關的主題，包括緬甸玉石、緬甸華人，以及英國勢力影響下的中緬貿易的研究成果已累積不少，這些研究成果對本研究的進行有相當大的幫助。因此在本段落中將針對這三方面的研究成果進行回顧。〔註9〕

一、緬甸玉石的相關研究

關於緬甸玉石的研究成果，焦點多放在（1）緬甸玉石傳入中國的時間點；（2）緬甸玉石在中國內地的流傳過程；（3）緬甸玉石雕刻品的藝術價值。由於本研究所關懷的主題與前二者較有相關，故在此將不針對後者進行回顧。

以緬甸玉石傳入中國的時間點以及它在中國的流傳作為研究取徑的成果，最早者應是章鴻釗的著作《石雅》〔註10〕。此書中，章鴻釗利用漢代以來文人的著作中關於「翡翠」一詞的敘述，推定在漢代翡翠一詞已經不只用在鳥類的名稱，也開始用來稱呼碧綠的玉石。而到了宋代，此一用法已經普遍使用。而章鴻釗也強調，在他所處的時代，也就是清末民初時期，翡翠

〔註9〕 以緬甸玉石雕刻品的藝術價值作為研究取徑的成果，包括楊伯達，〈清代宮廷玉器〉，《故宮博物院院刊》1（北京，1982），頁49～61；楊伯達，〈清宮舊藏翡翠器簡述〉，《故宮博物院院刊》6（北京，2000），頁40～44；王春雲，〈古代玉符之說與翡翠早期應用歷史探討〉，《寶石和寶石學雜志》2（武漢，2003），頁15～21；楊伯達，〈清代造辦處的「恭造式樣」〉，《上海工藝美術》4（上海，2007），頁14～15；丘志力、吳沫、谷嫻子、楊萍、李榴芬，〈從傳世及出土翡翠玉器看國我清代翡翠玉料的使用〉，《寶石與寶石學雜誌》10：4（武漢，2008），頁34～38；王文景，〈基於翡翠的傳播話黃龍玉的研究和開發〉，《保山學院學報》5（保山，2011），頁105～108。

〔註10〕 章鴻釗，《石雅》，上海：上海書局，中央地質調查所1927年版，1990。

屬於輝石類（Pyroxene group），產地位於上緬甸山區，並言不知緬甸玉石採自何年。〔註11〕之後有關於緬甸玉石的研究成果，多根據章鴻釗的論述加以補充。

　　楊伯達〈從文獻記載考翡翠在中國的流傳〉〔註12〕、〈勐拱翡翠流傳沿革考〉〔註13〕對章鴻釗的論述做了補充。楊伯達認爲章鴻釗在《石雅》關於翡翠名稱歷代演變的考證，證明了最早在漢代，緬甸所產的翡翠已經流傳到了關中地區。此外，楊伯達也利用歷代漢文文獻，以及考古挖掘的成果，對緬甸翡翠傳入中國的時代做推論。其中，楊伯達依據徐弘祖在《游記》中所敘述的「翠生石」，以及在騰衝的考古發現，推論至晚在明季，緬甸玉石已經傳至雲南迤西地區。

　　王春雲，〈有關翡翠輸入中國傳說的考證與科學性分析〉〔註14〕，對於章鴻釗在《石雅》對翡翠一詞的考據，與楊伯達有相同的看法。除此之外，王春雲亦收集了關於翡翠被發現與傳入中國的傳說。其中，民間傳說中翡翠的發現者都是上緬甸的少數民族，而發掘其價值的都是趕馬驢的華商，這樣的故事內容可知，翡翠的開發與穿梭於滇緬之間的華商有著密切的關係。

　　楊萍的碩士論文〈清代翡翠玉文化的形成與傳播研究〉〔註15〕認爲至晚到明代，翡翠已經傳入中國，清中葉後，翡翠一詞始與現代翡翠玉同類。翡翠玉傳入中國後，漸漸於清代中晚期形成翡翠玉文化，其形成的因素包括康熙之後商業的繁榮、市井階層的擴大、社會風尚的改變、滿族的民族風格、皇室的嗜好，以及開港後海洋文化的衝擊等。而雲南與廣東是翡翠進入中國的主要通道，翡翠的主要市場也集中在這兩地。翡翠玉文化發源於民間，由市場需求驅動發展，十九世紀後期翡翠玉料充足供應，促成翡翠玉文化的發展，這有別於和闐玉文化由上而下的傳播模式。〔註16〕

〔註11〕章鴻釗，《石雅》，頁125～128。
〔註12〕楊伯達，〈從文獻記載考翡翠在中國的流傳〉，《故宮博物院院刊》2（北京，2002），頁12～24。
〔註13〕楊伯達，〈勐拱翡翠流傳沿革考〉，《中國歷史文物》，頁4～17。
〔註14〕王春雲，〈有關翡翠輸入中國傳說的考證與科學性分析〉，《超硬材料與寶石》15：49（桂林，2003），頁45～49。
〔註15〕楊萍，〈清代翡翠玉文化的形成和傳播研究〉，廣州：中山大學地球科學與地質工程學院碩士論文，2009。
〔註16〕楊萍，〈清代翡翠玉文化的形成和傳播研究〉，頁29～54。

　　總的來說，利用文獻中關於翡翠的敘述，以及近代以來考古的發掘來推論緬甸玉石傳入中國的時間點，是近年來學者們研究緬甸玉石相關課題的必經途徑。此外，緬甸玉石傳入中國後的流行歷程，也是上述研究成果所關注的議題。然而，從上述的研究成果可以發現，近期針對緬甸玉石的研究，無論是緬甸玉石傳入中國的時間點，或是緬甸玉石在中國的流行歷程，多將研究的視角放在中國。若將研究的視角轉移至緬甸玉石的產地——上緬甸地區，可以發現無論是緬甸玉石的開採，或是中緬間的玉石貿易，皆與華人在上緬甸的活動，以及滇緬貿易的發展歷程有關。

二、緬甸華人的相關研究

　　十九世紀歐洲人因為「雲南神話」〔註17〕而進入雲南與緬甸等地進行調查時，就開始關注在滇緬之間活動的華人，並將所見所聞記錄於他們的日記、遊記以及其他相關著作之中。維多·巴素（Victor Purcell）的《東南亞之華僑（上）》〔註18〕中有關緬甸華僑史的部分所引用的資料，不少是「雲南神話」時期出版的著作中，對於在滇緬之間進行貿易的華人的紀錄。

　　巴素將經由陸路進入上緬甸，原籍為雲南的華人稱為「翻山華僑」，用以區別 1850 年代後大量經由海路前往下緬甸，原籍為福建與廣東的「跨海華僑」，並強調在十九世紀前期的緬甸華人史的主要特色，就是翻山華人所經營的滇緬貿易的繁榮，以及大規模跨海華人移民緬甸的開始，並伴隨著英

〔註17〕十九世紀開始，緬甸與越南相繼淪為英、法的殖民地後，英、法兩國將雲南作為主要爭奪目標。1830～1920 年間，英、法兩國從政府到民間各階層，都掀起進入雲南探險、考察和傳教的熱潮，並且出版了大量關於雲南的探險記、考察報告、研究論著、書信文集等。這些書籍，使歐洲社會普遍認為雲南是中國最富庶，人口最多的省分，認為雲南既有紅河水道的便利，又有伊洛瓦底江使雲南成為揚子江與印度間的鍊環。從 1860 年代開始歐洲形成了「雲南神話」，濃厚的殖民利益驅動下雲南被納入西方的視角。到 1890 年代，以爭奪雲南鐵路修築權和迫使清政府簽訂不平等條約的方式，在雲南打開蒙自、思茅、騰越三關，令「雲南神話」達到頂點。但隨著帝國主義國家逐步打開中國內地市場後在中國內地獲得愈來愈多的利益、對西南地理環境的認識加深，以及 1914 年歐戰爆發等因素，使雲南神話逐漸破滅，並在二十世紀初逐漸消失。詳細內容請參考陸韌，〈現代西方學術視野中的中國西南邊疆史研究〉，收入陸韌編，《現代西方學術視野中的中國西南邊疆史》，昆明：雲南大學出版社，2007，頁 1～39。陸韌參考自 Warren B. Walsh, "*The Yunnan Myth*," The Far Eastern Quarterly, 2: 3（May 1943）: 272-285。

〔註18〕〔英〕維多·巴素（Victor Purcell）著；郭湘章譯，《東南亞之華僑（上）》，臺北：國立編譯館出版；正中書局印行，1966。

國勢力在緬甸的樹立。〔註19〕然而，巴素在書中多以敘述的方式介紹各個時期滇緬貿易的發展狀態，而較少介紹翻山華人移入緬甸的原因，以及他們經營的貿易內容，特別是他們所經營的玉石貿易，在書中幾乎不曾提到。

牛鴻斌〈近代雲南的外遷移民〉對於雲南人在1850年代後外遷他國的原因做了分析。牛鴻斌認為，十九世紀起滇緬邊界防務的鬆弛、雲南迤西人「窮走夷方急走廠」（詳細介紹見第一章之註1）的觀念，以及英國佔領上緬甸後與中國簽訂的各項滇緬貿易協定，是十九世紀後期雲南人外遷的漸進式原因。而十九世紀中後期雲南迤西地區的回變是造成雲南人外遷的突發式原因，這時期雲南人外遷至緬甸主要從事的是貿易與採礦，在上緬甸山區的玉石開採與貿易就是其中一項。英國統治時期，玉石廠所實施的「包崗制」〔註20〕，經營者多為經營玉石的雲南大戶。〔註21〕

黃素芳〈對雲南騰衝人出國的歷史考察〉一文更細微的考察騰衝人在各時期赴緬的情形，以及赴緬的原因。黃素芳認為由於騰衝位於雲南極西之地，又處在川，滇，印三者的交通要道上，因此使騰衝人漸漸形成赴緬經商的傳統。雲南迤西地區各商號多有經營玉石的生意，並在緬甸各大城設立商號，且集資建廟。〔註22〕

馮立軍在〈20世紀初以前華僑移民緬甸述論──兼論緬甸華僑社會的形成〉闡述中緬貿易與移民自漢代就有紀錄，並持續不間斷。明代，華人社會因為滇緬貿易的發展，已經在蠻莫（今八莫）、蒲甘以及阿瓦等上緬甸部分地區形成。十八世紀後期，中國內地由於康雍乾以來的經濟發展，使得中國東南各省的人口壓力非常大。這些省分的人口有些開始往相對開發度較低的雲南遷徙，又適逢滇緬邊境重新開放，內地民眾便趨利前往緬甸從事貿易與開礦，留寓緬甸的華人人口開始增加。海路華人方面，十九世紀中葉起，英國為了開發新取得的下緬甸，招募海外人手進入下緬甸開發，而閩粵籍華人就在此時開始大量移入。海路華人的移入，使原本以居住在上緬甸滇籍華人為主導的緬甸華人格局，在十九世紀後期轉變為下緬甸閩粵華人與上緬甸滇籍

〔註19〕〔英〕巴素著；郭湘章譯，《東南亞之華僑（上）》，頁94。
〔註20〕包崗制是英國殖民當局針對上緬甸霧露河運出的玉石所實施收稅制度，具體內容請見本文第二章第一節之參。
〔註21〕牛鴻斌，〈近代雲南的外遷移民〉，《思想探索》6（昆明，1998），頁79～83。
〔註22〕黃素芳，〈對雲南騰衝人出國的歷史考察〉，《東南亞南亞研究》4（昆明，2006），頁58～64。

華人的二元華人格局。文中對於中緬間的玉石貿易也有所著墨，文中指出自元代起中緬間進行大規模的玉石貿易。馮立軍認為，由於緬人無法開採玉石，而中國人將開採技術引進緬甸，開採後經由陸路運入雲南加工。到了明代，中國商人在緬甸政府的許可下納稅開採，中緬間的玉石珠寶貿易盛極一時。〔註23〕

　　肖彩雅〈19世紀初至20世紀初緬甸華僑社會的變遷〉一文綜合了前人的研究成果，試圖將二十世紀初以前的緬甸華人社會做個全面性地研究。肖彩雅認為自十九世紀開始，上緬甸華人已經由以八莫為中心的滇緬邊境聚集區轉移至以曼德勒為中心的伊洛瓦底江區。隨著華人貿易的南移，上緬甸的華人網絡也隨之向南擴散，更因鐵路及伊洛瓦底江航道的開通，使緬甸南北貿易迅速增長，上下緬甸的華人也享受該便利條件，雙方來往密切，這樣就使得兩個不同區域的華人網絡，雙方的貿易因此往來有了交集。1886年上緬甸被英國統治後，英國直接地介入滇緬貿易，使得雲南人不再是貿易的主宰者。大量英國商品充斥於滇緬貿易之中，使得滇緬貿易性質隨之改變。上緬甸華人網絡的「依託地」也自雲南迤西地區轉移至上緬甸地區。同時上下緬甸政治上的一致性，使得上緬甸華人南下貿易相較於以前更為便利。而文中有關於緬甸玉石開採與貿易的部分，肖彩雅認為緬甸的玉石發現於元代，因緬人不懂開採之法，大量的中國人入緬採礦，到了清代，中國人已擁有自己的玉石廠，而十九世紀後期，由於英國在緬甸的交通建設，以及陸路貿易路線的不安全性，使得玉石珠寶貿易多取海路，美玉至滇南者寥寥無幾。〔註24〕但是，這樣的說法是不可靠的，玉石發現於元代缺乏證據證明；而十九世紀後期玉石珠寶貿易多取海路，則缺少相關證據的論述。

　　高偉濃《清代華僑在東南亞：跨國遷移、經濟開發、社團沿衍與文化傳承新探》對於各個時期移民緬甸的華人，以及華人在緬甸所從事的行業做了論述。高偉濃認為清代移民緬甸的華人大致可分為因特殊歷史事件而入緬的官族與軍人，以及民間的閩粵自由移民，前者主要發生於清初，後者則主要發生於十九世紀中葉以後。閩粵自由移民方面，移居緬甸的粵籍華人以四邑

〔註23〕馮立軍，〈20世紀初以前華僑移民緬甸述略——兼論緬甸華僑社會的形成〉，《南洋問題研究》4（廈門，2008），頁48～56。

〔註24〕肖彩雅，〈19世紀初至20世紀初緬甸華僑社會的變遷〉，廈門：廈門大學南洋研究院碩士論文，2009。

人最多，其中，台山人佔大多數。至於閩籍華僑，則有自馬六甲、檳榔嶼以及閩南移居而來，英國統治下緬甸後，海峽殖民地的閩籍華人大量移入下緬甸，他們先到仰光，再轉赴緬南各地，少數閩商深入上緬甸。在討論到華人在緬甸的職業時，高偉濃主要討論的農業與礦業。其中，討論礦業時，列舉了不少緬甸有華人活動的寶石礦場，例如猛密、猛拱、戶拱、怕敢、會卡、抹谷等。〔註25〕不過，高偉濃的論述中，幾乎沒有提到十九至二十世紀前期滇籍華人在緬甸的發展歷程，這是比較可惜的部分。

根據前人的研究成果可得知華人入緬活動的歷史已經十分的悠久。長久以來，華人主要經由陸路進入緬甸從事商業貿易與礦物開採等活動。自十九世紀中葉，由於中國內部人口壓力、滇緬邊界防務的鬆弛、雲南迆西地區的戰亂，以及中英間針對滇緬貿易條約的簽訂等因素，使得華人在這個時期大量的進入緬甸活動。自1820年代英國勢力開始侵入緬甸起，陸路途徑已不是唯一大宗華人入緬的途徑，經由海上移入緬甸的華人逐漸增多，並在十九世紀末於下緬甸形成以閩粵籍為主的華人社會，與上緬甸以滇籍為主的華人社會形成兩個核心。

在這些研究成果中，或多或少都有提到華人所經營的中緬玉石貿易。這些研究是以宏觀的視角討論十九世紀華人入緬原因，以及華人在緬甸的發展，但對於華人在緬甸的玉石交易、開採與運輸這類微觀的部分，是以略提的方式進行陳述，且有許多需要史料印證的地方。不過，這些緬甸華人的相關研究，對於本研究在瞭解華人進入緬甸交易與開發玉石的原因，開採過程與運輸的流程等方面的討論，都有引導的作用。

三、英國勢力影響下的中緬貿易

如上所述，巴素《東南亞之華僑（上）》強調十九世紀前期緬甸華人史的主要特色，就是「翻山華僑」所經營的滇緬貿易的繁榮，以及大規模跨海華人移民緬甸的開始，並伴隨著英國勢力在緬甸的樹立。十九世紀中葉起，由於緬甸政府實施棉花專賣制度，以及雲南回變等因素，使滇緬間的商貿活動一度陷於停頓，直到1870年代才得以恢復。同一時期，英國商品取代了中國商品，搶佔了中國商品在上緬甸的市場。〔註26〕巴素的論述，主要是依據十

〔註25〕高偉濃，《清代華僑在東南亞：跨國邊移、經濟開發、社團沿衍與文化傳承新探》，廣州：暨南大學出版社，2014，頁73～88。

〔註26〕〔英〕巴素著；郭湘章譯，《東南亞之華僑（上）》，頁113～127。

九世紀歐洲人在緬甸的見聞，這些見聞多是爲了考察滇緬貿易而紀錄的，因此巴素的論述著重於滇緬貿易本身的發展進程，而十九世紀影響滇緬貿易的因素，尤其是中國與英國間的條約簽訂對滇緬貿易的影響就較少介紹。不過，巴素書中的內容，對於本研究論述十九世紀滇緬貿易的發展歷程對滇緬間的玉石貿易的影響很有助益。

賀聖達《緬甸史》對於 1824 至 1948 年中緬經貿關係的發展變化有作過討論。賀聖達認爲在 1850 年代以前，由於第一次英緬戰爭未波及上緬甸，雲南基本也保持穩定的局面，因此中緬陸路貿易在此時處於最爲興盛的時期。1850 年代起，由於緬甸國王宣佈棉花由國王壟斷，以及受到雲南回變的影響，使滇緬貿易中斷。1860 年代後，由於英國與緬甸簽訂商務條約，以及英國在緬甸發展輪船航運與鐵路等因素，使英國的商品開始流通於滇緬之間。1894 年《中英續議滇緬界務商務條款》簽訂後，滇緬貿易得到更大的發展，但緬甸與雲南因此成了英國傾銷剩餘工業品的區域，在這一時期，許多滇西商號參與其中。在 1939 年以前，從事滇緬貿易的商號機完全依靠馬幫運輸。相對之下，中緬間的海上貿易，就一直沒有得到什麼發展。〔註27〕整體而言，賀聖達主要論述了十九至二十世紀前期的滇緬貿易發展，這提供了本研究瞭解中緬玉石貿易陸路部分發展的可能影響因素。但是，賀聖達對於中緬海路貿易的論述就像對得少。

楊煜達〈試析近代滇西商品經濟的發展與影響〉討論了雲南迆西地區在十九世紀後期受到英帝國主義的侵略，導致雲南迆西地區農村的「商品化」，自然經濟遭受破壞，而商品經濟得到一定程度的發展。然而，隨著騰越的開埠，雲南迆西地區成爲英帝國主義傾銷工業品，以及掠奪廉價原物料的場地，也間接打擊了雲南迆西地區手工業。而雲南迆西地區的地主階級爲了追求西洋式的奢侈生活，加重地租「剝削」，使得農民日益貧困。而經商成功的商人，也購買土地成爲地主，加入「剝削」行列，進一步強化了「封建地主所有制」。〔註28〕楊煜達在這篇文章的論述，雖然是針對英國勢力進入雲南迆西地區後，對當地社會經濟的影響。然而，這些論述，對於本文所要探討的雲南人爲何想要進入緬甸採購玉石，爲何要深入廠區挖掘玉石，提供一個思考的方向。

〔註27〕賀聖達，《緬甸史》，北京：人民出版社，1992，頁 496～503。
〔註28〕楊煜達，〈試析近代滇西商品經濟的發展和影響〉，《保山師專學報》19：2（保山，2000），頁 44～48。

　　聶德寧《近現代中國與東南亞經貿關係史研究》認爲 1852 年第二次英緬戰爭之後，英國開闢仰光爲商港，此後緬甸的主要進出口貨物大多由仰光港進出。因此，步入近代以來，海運貿易開始成爲中緬貿易往來的主要途徑之一，並且逐漸超越滇緬邊境的陸路貿易量。聶德寧以中國海關的貿易統計資料與緬甸方面有關緬甸對中國的貿易統計資料做比對，來論述中國與緬甸間的海路與陸路貿易發展。緬甸華僑與中國的經貿關係方面，聶德寧表示，由於地理因素，華僑移居緬甸以雲南人最早，滇緬間的交通主要有水陸兩條通道，水路由騰越下大金沙江（今伊洛瓦底江）而達仰光；陸路則出蠻允而達曼德勒。至於閩粵等地的華僑大量前往緬甸，是在第一次英緬戰爭之後，當時有不少閩粵華僑自暹羅和英屬馬來亞前往下緬甸貿易。1852 年第二次英緬戰爭後，英國在緬甸大力發展伊洛瓦底江航運與建設鐵路，大量英國商品因而得以銷入全緬，這使得滇商在緬甸的商業優勢日漸衰弱。儘管閩粵僑商後來在某些方面取代了滇籍僑商，但卻始終不能如滇籍僑商以往一般掌握緬甸的商業全權。〔註29〕聶德寧的論述，勾勒出了十九世紀中葉後中緬貿易以及華商在中緬貿易的大致容貌，這能幫助本研究對中緬陸路與海路玉石貿易發展的背景因素的理解。

　　李晨陽、楊祥章〈近代雲南與緬甸的貿易往來及其影響〉認爲第一次工業革命後，英國商品生產開始過剩，急需尋找市場，西南中國是其目標之一。爲了開拓中國西南的市場，英國的具體作爲包括 1824 年起的三次英緬戰爭、十九世紀中葉起在緬甸進行鐵路修築以及開通伊洛瓦底江輪船航運、1894 年《中英續議滇緬界務商務條款》的簽訂，以及 1902 年騰越的開埠。其中，作者特別強調英國在緬甸推動的鐵路修築及輪船航運開發，使上下緬甸間的交通更加便捷，而雲南透過馬幫運輸，將雲南迤西地區與緬甸之近代化交通加以連接，使雲南與緬甸南部的經貿往來起了推動作用。〔註30〕

　　高偉濃《清代華僑在東南亞：跨國遷移、經濟開發、社團沿衍與文化傳承新探》也提到了這樣的交通發展新模式，並提出了「伊洛瓦底沿江市場體系」的概念。高偉濃認爲到了晚清，緬甸與中國的貿易形成了「一江多港」的格局，「一江」指的是伊洛瓦底江，而「多港」指的是伊洛瓦底江沿岸各

〔註29〕聶德寧，《近現代中國與東南亞經貿關係史研究》，廈門：廈門大學出版社，2001，頁 205～219。

〔註30〕李晨陽、楊祥章，〈近代雲南與緬甸的貿易往來及其影響〉，《中國邊疆史地研究》23：1（北京，2013），頁 75～85。

個區段的多個主要貿易港口。華人進而利用馬幫，將伊洛瓦底江沿岸的港埠以及緬北的華人礦業區，與中國內地相連，形成「滇緬經濟網鏈」。而滇緬之間的土司管轄區，由於兩國政府對此區皆難以實行有效的管理，華人得以較自由地透過此區進出滇緬邊境，也是這一經濟圈得以形成的因素。〔註31〕

　　整體而言，以英國勢力影響下的中緬貿易作為主題的研究成果，強調了英國在緬甸的交通建設對滇緬之間的貿易形成正面影響力，以及英國勢力進入雲南及緬甸後，對當地原來的社會經濟以及貿易結構的影響。緬甸玉石作為華人經營的滇緬貿易中重要的商品，自然也受到這類因素的影響。這些研究成果，能夠幫助本研究在探討華人所經營的中緬玉石貿易，受到英屬緬甸的交通建設影響下，有怎麼樣的變化。此外，在英國勢力進入雲南迤西地區後造成的農村商品化，與十九世紀後期，大量雲南人從入緬購買玉石轉為入緬挖採玉的轉變之關聯，提供了可能的原因。

參、研究方法與史料

　　將相關的史料收集起來，進行整理與歸納，再進而分析與論述，是本研究最主要的研究方法。此外，本研究亦須輔以地理學、統計學的基礎研究方法來說明影響人口移動、商品貿易與運輸中的地形和交通因素，以及統計數據中所蘊含的意義。至於本研究使用的相關史料，大致可以分為官方文書、檔案、統計資料、地方志、個人著作、日記等等。以下分別介紹各章的內容、研究方法與史料。

　　第一章「窮走夷方急走廠：中緬玉石貿易發展的背景」討論十九至二十世紀前期各種影響中緬玉石貿易的背景因素。第一節「雲南的社會經濟情況（1800～1940）」討論十九世紀前期的土地拓墾飽和、礦廠枯竭、雲南回變、回變後雲南人赴緬討生活的歷程，以及雲南開埠後的經濟變化等。第二節「緬甸政局和英國勢力在緬甸的發展（1750～1940）」討論緬甸貢榜王朝的經濟政策，如何影響華人在滇緬貿易中的地位，以及英國勢力在緬甸的發展、在緬甸的交通投資，對華人所經營的滇緬貿易的影響，藉由這兩部分的討論，瞭解緬甸政局的發展對中緬玉石貿易發展的影響。第三節「十九至二十世紀前期的中緬貿易發展」討論清緬封貢關係關係重建後的中緬貿易、第二次英緬戰爭後英國勢力介入下的中緬貿易、十九世紀末條約簽訂下的中緬貿易發

〔註31〕　高偉濃，《清代華僑在東南亞》，頁88～94。

展，以及十九至二十世紀前期的中緬海路貿易發展概況。

第一章參考的史料文獻，包括雲南各地方志、個人著作《南中雜說》〔註32〕、《滇南文略》〔註33〕、《騰越杜亂紀實》〔註34〕、〈西輶日記〉〔註35〕、《集思廣益編》〔註36〕，官方文書《宮中檔乾隆朝奏摺》〔註37〕、《張允隨奏稿》〔註38〕、《岑襄勤公奏稿》〔註39〕、《清季外交史料》〔註40〕，《總理各國事務衙門》檔案，日記《出使日記續刻》〔註41〕，透過這些史料試圖瞭解十九世紀後期起華人從原本單純赴緬購買玉石，到深入克欽山區參與玉石挖掘的背景因素。藉由這些史料中對於各時期中緬貿易的評論、中緬貿易相關條約的談判，以及中緬貿易的進行所遇到的困難等內容，探討中緬玉石貿易陸路與水路途徑的消長變化的背景因素。

第二章「進出生番嵐瘴之區：緬甸玉石交易地點的變遷及其原因」討論各個時期華人在緬甸的玉石交易地點的變遷、促使交易地點變遷的原因，以及水路的玉石交易地點。第一節「滇緬玉石交易地點的變遷」利用中國方面史料文獻中對於緬甸玉石產地的描述，梳理出各個時期華人在緬甸的玉石交易地點的變遷歷程。第二節「滇緬玉石交易地點變遷的原因」進一步探討各個時期華人在緬甸的玉石交易地點變遷的原因，遷變的原因與華人入緬採購玉石，或是赴廠區挖掘玉石的歷史進程有關。第三節「十九至二十世紀中緬玉石貿易水路交易地點概況」則分析十九至二十世紀前期中國與緬甸間水路的可能交易地點。

第二章參考的史料文獻，主要參考十七至二十世紀前期的各種雲南地方

〔註32〕 〔清〕劉崑，《南中雜說》，上海：商務印書館，叢書集成初編本，1936。

〔註33〕 〔清〕袁文揆，《滇南文略》，收入王德毅主編，《叢書集成》冊120～121，臺北：新文豐出版公司，雲南叢書本排印，1989。

〔註34〕 〔清〕曹琨，《騰越杜亂紀實》，收入李根源輯，《西南稀見叢書文獻》卷3，北京：學苑出版社，騰衝李氏由石精廬民國17年印本，2009。

〔註35〕 〔清〕黃懋材，〈西輶日記〉，收入〔清〕王錫祺編，《小方壺齋輿地叢鈔》帙10冊54，臺北：廣文書局，光緒17年上海著易堂鉛印本，1962。

〔註36〕 〔清〕姚文棟編，《集思廣益編》，臺北：文海出版社，清光緒間刊本，1985。

〔註37〕 國立故宮博物院編，《宮中檔乾隆朝奏摺》，臺北：國立故宮博物院，1988。

〔註38〕 〔清〕張允隨，《張允隨奏稿》，收入方國瑜主編，《雲南史料叢刊》卷8，昆明：雲南大學出版社，1998，頁527～775。

〔註39〕 〔清〕岑毓英，《岑襄勤公奏稿》，臺北：成文出版社，光緒23年刻本，1969。

〔註40〕 〔清〕王彥威、〔清〕王亮編，《清季外交史料》，臺北：文海出版社，1964。

〔註41〕 〔清〕薛福成，《出使日記續刻》，臺北：華文書局，國立臺灣大學圖書館所藏清光緒24年刊本，1968。

志。這些地方志中的〈物產〉、〈軼事〉及〈雜志〉等部分，皆有敘述玉石的產地，但各個時期所記載的產地各有異。整體而言，隨著地方志出版的時間愈趨近代，所記載的就越明確。然而有些地方志中所敘述的產地並不產玉石，而多是滇緬貿易的重要交易地點，因此可以推估，這些地方志中所描述的產地，實際上是華人在緬甸的玉石交易地點。除了雲南地方志之外，個人著作、日記與調查報告，更是瞭解各個時期玉石交易地點的重要依據，例如王芝《海客日譚》〔註42〕就已提到龍陵參將李珍國在緬京阿摩羅補羅（Amarapura）經營的「和順玉行」；薛福成《出使日記續刻》提到十九世紀後期中國流行的玉石多是緬甸所產；尹明德《雲南北界勘察記》〔註43〕更仔細地描述華人在霧露河玉石廠交易與挖掘玉石的實況。玉石交易地點的變遷，與華人入緬採購玉石及赴廠區挖掘玉石的歷程有關。而若要瞭解交易地點變遷的原因，除了參考地方志的評論外，官方文書、檔案、個人著作與日記等，是瞭解變遷原因的重要依據。在討論變遷原因前，將先討論影響華人深入克欽山區採購玉石與挖掘玉石的因素，參考官方檔案與文書《宮中檔乾隆朝奏摺》、《清高宗實錄》，以及個人著作與日記《集思廣益編》、〈緬藩新紀〉〔註44〕中對伊洛瓦底江上游地區的克欽族與瘴癘的評論；進而討論變遷原因時，著重於討論清緬戰爭時期清軍在克欽山區的軍事行動、雲南回變，以及英國勢力在緬甸北部的發展，來瞭解促使華人在十九世紀後期開始深入克欽山區霧露河玉石廠的遠因與近因，這部分主要參考十九世紀後期至二十世紀前期的各種調查報告與日記，例如王芝《海客日譚》、黃懋材〈西輶日記〉、尹家令〈橘庵漫稿〉〔註45〕、尹明德《雲南北界勘察記》，以及檔案〈滇緬北段界務調查報告〉〔註46〕。

　　第三章「滇關駝玉來：中緬玉石貿易的開採與陸運路線變遷」討論緬甸玉石的開採方式，以及中緬玉石貿易的陸路運輸路線。第一節「緬甸玉石的開採方式」以老廠與新廠兩部分分別討論緬甸玉石的開採方式、開採流程，

〔註42〕〔清〕王芝，《海客日譚》，臺北：文海出版社，光緒2年石城刊本，1985。
〔註43〕尹明德，《雲南北界勘察記》，臺北：華文書局，民國22年鉛印本，1969。
〔註44〕〔清〕闕名，〈緬藩新紀〉，收入〔清〕王錫祺編，《小方壺齋輿地叢鈔》帙10冊52。
〔註45〕尹家令，〈橘庵漫稿〉，收入李根源等纂，《永昌府文徵》紀載卷28，臺北：傅斯年圖書館古籍線裝書，1941～1942年李根源排印本。
〔註46〕《外交部》檔案，〈滇緬北段界務調查報告〉，中央研究院近代史研究所檔案館藏，館藏號：11-29-11-09-043。

以及開挖的成本等。第二節「中緬玉石貿易的陸路運輸路線」則利用雲南地
地方志、調查報告等史料文獻勾勒出各個時期中緬玉石貿易陸路路線。

　　第三章參考的史料文獻，在討論開採方式時，主要依據徐宗稈〈玉石廠
紀〉〔註47〕、尹家令〈橘庵漫稿〉、尹明德《雲南北界勘察記》，以及檔案
〈滇緬北段界務調查報告〉中所描述的老廠與新廠玉石的開採方式。討論運
輸路線時，則主要依據雲南各地方志中所提及的滇緬交通路線來分析可能的
滇緬玉石交通路線，而十九世紀後期的調查報告，包括吳其禎〈緬甸圖說〉
〔註48〕、陳還〈縷陳緬甸近年情形〉〔註49〕、王家賓〈縷陳騰越所屬七土
司及一帶野山利弊情形〉〔註50〕等著作，皆有提及當時滇緬間駄商運輸玉
石的主要路線，以及這些路線會碰到的「野人」打劫問題。二十世紀初尹明
德在克欽山區的調查報告〈滇緬北段界務調查報告〉中所記載的交通線公里
數與路況，是本研究瞭解滇緬玉石貿易路線的重要參考。本研究也利用上述
史料，繪製出若干滇緬玉石貿易路線地圖。

　　第四章「近世海道便捷：中緬玉石貿易水運路徑的發展」討論中緬玉石
貿易水路途徑發展的背景因素，以及各個時期緬甸玉石運往中國後的主要目
的地。第一節「中緬玉石貿易水運路徑的發展背景」首先討論十九世紀以前
中國與緬甸間海路貿易不發達的原因，接著討論十九世紀起中緬玉石貿易日
漸重，規模並逐漸超越滇緬貿易的原因。第二節「緬甸玉石運至中國的主要
目的地」利用歷年中國海關的統計資料作比對，比較中國各個口岸進口緬甸
玉石數量的多寡，藉此試證明十九世紀後期起緬甸玉石經由海路運往中國沿
海的數量，已遠多於透過陸路運至騰越的數量。

　　第四章參考的史料文獻，在第一節參考了東亞海洋貿易史、緬甸史與緬
甸華人史的相關著作，並利用《宮中檔乾隆朝奏摺》以及《騰越州志》〔註51〕
中對於中緬海路交通的描述，討論清緬戰爭對中緬海路貿易所發揮的間接推

〔註47〕　徐宗稈，〈玉石廠記〉，收入李根源等纂，《永昌府文徵》文錄卷30，臺北：傅
　　　　斯年圖書館古籍線裝書，1941～1942年李根源排印本。
〔註48〕　〔清〕吳其禎，〈緬甸圖說〉，收入〔清〕王錫祺編，《小方壺齋輿地叢鈔》再
　　　　補編帙10，臺北：廣文書局，光緒17年上海著易堂鉛印本，1962。
〔註49〕　〔清〕陳還，〈縷陳緬甸近年情形〉，收入〔清〕姚文棟編，《集思廣益編》卷1。
〔註50〕　〔清〕王家賓，〈縷陳騰越所屬七土司及一帶野山利弊情形〉，收入〔清〕姚
　　　　文棟編，《集思廣益編》卷2。
〔註51〕　〔清〕屠述濂，《騰越州志》，臺北：成文出版社，乾隆55年刊本、光緒23
　　　　年重刊本，1967。

進作用，接著利用王芝《海客日譚》、黃懋材〈西輶日記〉等著作中對十九世紀後期緬甸交通便捷的評論，討論英國在緬甸的水運開發與鐵路建設，對中緬海路貿易的推進作用。第二節主要參考的史料文獻是 1870 年至 1946 年的中國海關報告。這些海關報告收入於《中國舊海關史料》〔註 52〕第四冊至第一百四十七冊，透過這一百多冊的海關報告，瞭解歷年中國各海關所進口的緬甸玉石數量，以及這些玉石經過哪些地方轉運而來。將這些數據製作成若干張表，對這些數據進行比較分析，並藉此試證明十九世紀後期起緬甸玉石經由海路運往中國沿海的數量，已遠多於透過陸路運至騰越的數量。由於中國海關報告的統計方式分為各海關進口量，以及自各地進口數量，因此這裡會分成中國各海關進口玉石數量，以及中國進口玉石的來源地兩個小部分討論。此外，這一部分也會參考寸開泰《騰越鄉土志》〔註 53〕、黃懋材〈西輶日記〉、薛福成《出使日記續刻》等史料來補充說明歷年玉石進口數量變化的原因。

肆、名詞定義

進入本文討論主題之前，需要就以下的名詞加以解釋：

一、下緬甸（Lower Burma）與上緬甸（Upper Burma）

下緬甸與上緬甸是英國勢力進入緬甸後，對緬甸的地區劃界。1852 年第二次英緬戰爭時，英軍佔領緬甸的勃固、卑謬和伊洛瓦底江三角洲南部大片領地。同年 12 月，英國派阿蘭（Grant Allan）少校為首的劃界小組，自美太（Myede）英軍駐紮地旗幟以北十公里處的德貢茂（Dagonmaw）村為起點，向東至東吁城北；向西經第悅茂至阿拉干北端，單方面自行劃界立樁，該線以北的緬甸貢榜王朝管轄區稱作上緬甸；以南英國佔領區，以及第一次英緬戰爭後英國佔領的丹那沙林與阿拉干稱作下緬甸。〔註 54〕以現代緬甸的行政劃區來比對，下緬甸的範圍大致是若開邦、伊洛瓦底省、勃固省、仰光省、孟邦、德林達伊省，除了上述省、邦以外的行政區域，皆為上緬甸的範圍。

（請參考圖 0-1）

〔註 52〕 中國第二歷史檔案館、中國海關總署辦公廳編，《中國舊海關史料》，北京：京華出版社，2001。

〔註 53〕 〔清〕寸開泰，《騰越鄉土志》，北京：國家圖書館出版社，傳抄清光緒本，2011。

〔註 54〕 姚南主編，《東南亞歷史辭典》，上海：上海辭書出版社，1995，頁 21。

二、野人、克欽、景頗、擺夷、撣等族

清代的雲南省、永昌府、騰越地區的地方志，以及民國初期的著作在提及中緬間陸路玉石貿易時，經常提及滇緬之間的「野人」、「擺夷」族群在此項貿易中的重要地位。

依據林惠祥的研究，「野人」屬於「緬甸群」的「克欽」（Kachins），又名「克乾」（Kakhyens），意思是「能歌善舞的民族」〔註55〕。在林惠祥身處的年代，此族群也被稱為「野蠻」，而他們的自稱為「景頗」（Shingpaw），意思為「人」，主要居住於伊洛瓦底江上游，自喜馬拉雅山東部至雲南西部之「野人山」。〔註56〕部分散居在抹谷、瑞麗江流域，以及北撣邦的臘戍和南撣邦的景東一帶。〔註57〕在現代，緬甸稱此族群為「克欽族」，中國則稱為此族群為「景頗族」。至於「擺夷」，屬「僰夷群」，又名「僰夷」、「白夷」、「伯夷」、「伯彝」、「擺衣」等。〔註58〕在中國主要居住於雲南西南地區；在緬甸則主要居住於撣邦，散居於克欽邦、克耶邦、上欽敦、杰沙等地。〔註59〕在現代，緬甸稱此族群為「撣族」。〔註60〕

在本文的論述中，史料引用部分，會維持原著作對這兩個族群的稱呼；行文部分，由於討論的地理範圍主要是上緬甸山區、霧露河玉石廠至中緬邊境的交通路線，以及上下緬甸間的交通路線，因此，將以「克欽」與「撣」來稱呼這兩個族群。

〔註55〕姚南主編，《東南亞歷史辭典》，頁200。
〔註56〕林惠祥，《中國民族史（下）》，臺北：臺灣商務印書館，1983，頁255～259；林惠祥，《世界人種誌》，上海：上海書店，上海商務印書館1933年版，1990，頁43。
〔註57〕姚南主編，《東南亞歷史辭典》，頁200。
〔註58〕林惠祥，《中國民族史（下）》，頁281～285；林惠祥，《世界人種誌》，頁44～45。
〔註59〕姚南主編，《東南亞歷史辭典》，頁381。
〔註60〕在現代，無論是中國還是緬甸，對於這兩族群皆有更細緻的分類。而在本研究，主要以「克欽」與「撣」來概括地稱呼這兩族群。

圖 0-1　十九世紀上下緬甸分界地圖

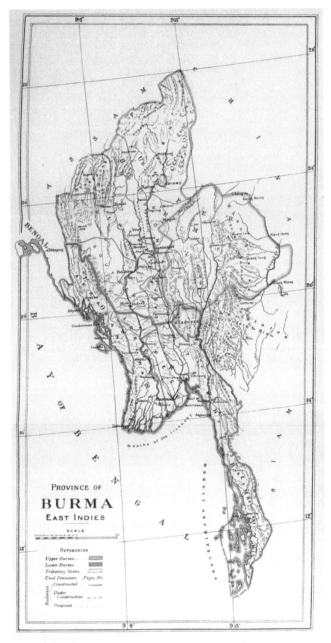

註：此圖中以紅色線框起的區域大致是「下緬甸」的範圍。以綠色線框起起區域則是
　　「上緬甸」的範圍。

圖片來源：Winston, W. R, *Four Years in Upper Burma* （London: C. H. Kelly, 1892）.

第一章 窮走夷方急走廠[註1]：中緬玉石貿易發展的背景

第一節 雲南的社會經濟情況（1800～1940）

壹、十九世紀前期雲南的經濟情況

　　1662 年，南明永曆皇帝朱由榔遭吳三桂自緬甸阿瓦押回昆明絞死後，清政府將雲南與貴州交由吳三桂鎮守。直到 1681 年清兵平定三藩叛亂後，清政府才直接地統治雲貴地區。此後，清政府採取了多項經濟政策，使得雲南的經濟得到發展，尤其在農業的土地開發、礦業開發，以及長程貿易。然而到了十九世紀，雲南的經濟開始出現問題，社會的矛盾加劇，最終在十九世紀中葉發生回民事變。事變範圍遍及全省，亦打擊了十八世紀末以來發展的滇緬貿易。以下分別就農業、礦業與對外貿易三方面討論十九世紀前期雲南的社會經濟發展。

　　以農業而論，由於雲南地處雲貴高原區，地形平均高度約在兩千公尺以上，其中與緬甸相鄰的西部縱谷區的地形尤其高聳，因此雲南適合耕種糧食

〔註1〕 此為雲南省騰衝、龍陵等地方的俗語，指的是若覺得生活窘困，急需用錢，就到外國貿易，或是到外國的礦廠工作，就可以達到暴富發財的效果。其中的「夷方」指的是緬甸，而「廠」則是指緬甸的各種礦廠，諸如銀廠、寶石廠、玉石廠、琥珀廠等等。時至今日，在緬甸的華人依然流傳著這一句俗語。參考自《外交部》檔案，〈滇緬北段界務調查報告〉，中央研究院近代史研究所檔案館藏，館藏號：11-29-11-09-043；張印堂，《滇西經濟地理》，昆明：國立雲南大學西南文化研究室，1943，頁 143。

作物的區域，只有占雲南總面積約一成的山間盆地、河谷地，以及在盆地與河谷地周遭的丘陵地帶。但有很長的一段時間，雲南還是一個有待開發的地區。自蒙元政府統治雲貴高原起，中原政權就積極地對雲南移民。十三至十七世紀，元、明政府主要是以軍事屯墾的方式進行雲南的土地開發；十七世紀末清兵平定三藩叛亂後，清政府則透過提供耕地及其他優惠條件的方式，鼓勵長江中上游省分的人民移入雲南開墾土地。〔註2〕至十九世紀，雲南的可耕地面積已經較十七世紀前期增加了百分之八十，而人口也增加了十二倍。〔註3〕顯然地，雲南人口增加的速率遠高於可耕地增加的速率，突顯了十九世紀時雲南的人口壓力已經逐漸呈現。

就礦業而論，雖然雲南的可耕地面積有限，但土地蘊藏了為數可觀的金屬礦，包括金、銀、銅、鉛、鐵等。自十三世紀起，中原歷代政權已經注意到雲南礦產，並付諸行動進行開發。十七世紀晚期，隨著清政府對雲南地區的統治逐步鞏固後，開始積極的開發雲南的金屬礦，用於補充雲南的地方財政，也用以彌補 1715 年日本德川幕府削減銅出口額百分之五十後的中國對銅的需求量。以銅礦而言，十八世紀起，清政府藉由授權商人開銅礦廠、提供補助，以及預付購買價等方式來開發雲南銅礦。〔註4〕這些政策，使得雲南的銅產量於 1765 至 1775 年間達到最高峰。〔註5〕銅產業的繁榮也帶動了雲南的經濟繁榮。

礦廠的開發吸引了各省的移民來討生活，「凡川湖兩粵力作苦工之人，皆來此以求活」〔註6〕。當時銅廠除了廠丁外，「商賈負販，百工眾技，不遠數千里，蜂屯蟻聚，以備廠民之用，而優伶戲劇，奇邪淫巧，莫不聞風景附，覶覶沾溉」〔註7〕。可見因為銅的開發，使得銅廠形成了一個廣大的「不耕而食者」〔註8〕群體，這不僅加強了雲南的人口壓力，也刺激了雲南物價

〔註2〕 李中清著：林文勛等譯，《中國西南邊疆的社會經濟：1250～1850》，北京：人民出版社，2012，頁 108～110。

〔註3〕 王樹槐，《咸同雲南回民事變》，臺北：中央研究院近代史研究所，1980，頁 60。

〔註4〕 李中清著：林文勛等譯，《中國西南邊疆的社會經濟：1250～1850》，頁 266～267。

〔註5〕 李中清著：林文勛等譯，《中國西南邊疆的社會經濟：1250～1850》，頁 275～276。

〔註6〕 〔清〕唐炯，《續雲南通志稿》卷 45，〈礦務〉，臺北：文海出版社，光緒 27 年四川岳池縣刊本，1966，頁 2。

〔註7〕 〔清〕唐炯，《續雲南通志稿》卷 44，〈礦務〉，頁 18。

〔註8〕 〔清〕袁文揆，《滇南文略》卷 12，收入王德毅主編，《叢書集成》冊 120-121，臺北：新文豐出版公司，雲南叢書本排印，1989，頁 36。

的上漲。這樣的情況在銅產量穩定時，人民的生活還可以應付。然而，到了十八世紀末，隨著雲南各礦廠的出銅量日漸減少，以及開採銅的各項成本日漸增加，使得雲南的礦業日趨衰退。到十九世紀初，雲南有四分之一的銅廠已經關閉。〔註9〕其他的銅廠即使沒有關閉，但其產量也大不如前。也因為銅廠的關閉，使得原本在礦廠中工作的廠丁在失業後，往往鋌而走險，成為游匪，時常介入雲南當地漢回之間的衝突。〔註10〕

相對於農業與礦業所呈現的弊病，十九世紀雲南與緬甸的貿易，則進入了一個十分繁榮的景象。清政府確立對雲南的統治後，對於滇緬間的貿易是採取開放的態度，准許商人自由往來於滇緬：

> 外夷雖產礦硐，不諳煎鍊，多係漢人赴彼開採，食力謀生安靜無事，夷人亦樂享其利。查定例，止禁內地民人潛越開礦，而各土司及徼外諸夷一切食用貨物，或由內地販往，或自外地販來，不無彼此相需，是以向來商賈貿易，不在禁例，惟查無違禁之物，即便放行。貿易民人或遇貲耗欲歸無計，不得不覓礦謀生。今在彼打槽開礦及走廠貿易者，不下二三萬人，其平常出入，莫不帶有貨物，其廠民與商賈無異。〔註11〕

雲南的永昌與騰越，以及緬甸的八莫是滇緬貿易中的重要交易地點。在清緬戰爭後，清政府對緬甸實施閉關禁市政策，禁止滇緬間的貿易往來。直到 1788 年，緬甸國王孟雲遣使入貢中國，清政府才於 1790 年重開滇緬邊境貿易。在此之後，滇緬貿易進入了十分繁榮的時期。然而，隨著十九世紀中期雲南的漢回衝突日漸升溫，滇緬貿易也開始受到波及。

貳、雲南回民事變對雲南經濟的影響

1854 年起在大理與楚雄所發生的漢回礦廠爭奪，以及 1856 年在省城昆明的城垣發生的屠戮回民事件，使得雲南省內漢回間的衝突擴大。〔註12〕1856 年 9 月，雲南提督文祥自駐防地大理府城領兵東出去鎮壓楚雄馬龍廠的

〔註9〕 李中清著；林文勛等譯，《中國西南邊疆的社會經濟：1250～1850》，頁 291～292。
〔註10〕 王樹槐，《咸同雲南回民事變》，頁 65～75。
〔註11〕 《清高宗實錄》卷 269，乾隆 11 年 6 月甲午條。
〔註12〕 王樹槐，《咸同雲南回民事變》，頁 99～108。

亂事。大理及其周遭的回民趁機起事，佔領大理府城，推舉杜文秀〔註13〕爲
總統兵馬大元帥，並成立「平南國」。〔註14〕此後，回軍以雲南迤西爲主要勢
力範圍，向北、東、南三方發展，並數度圍困省城昆明。直到 1873 年，清軍
攻入回軍的最後據點——騰越廳，並將回民政權在騰越廳的最高首長李國綸
的部隊逼入滇緬邊境的野人山區後，雲南全境基本歸於清政府的掌控。〔註15〕
雲南回民事變歷時近二十年，戰亂對雲南的影響甚鉅，而這些影響包括人口
的銳減，以及經濟的破敗。

　　人口方面，由於戰亂、飢荒、瘟疫、逃難等原因，使得雲南的人口驟減。
事變期間，雲南大部分的城市都曾經遭受到回軍與清軍的攻打。無論是回軍
還是清軍，每攻入一座城市，或自某座城市撤退前，往往會進行屠城。例如，
在回軍攻省城昆明時大肆屠戮周遭地區，而城內的漢民遭到回軍圍困，人多
餓死；〔註16〕回軍在攻入永昌府城後屠殺城內居民，「紳士商民男女死者數
萬」〔註17〕；在清軍反攻回軍，進攻大理府時，回民被殺者兩萬有餘。〔註18〕

　　雲南的平民，無論是漢人還是回民，遇到軍隊的到來，只能逃離自己的
居住地避難，遠走他鄉。他們或者暫時逃到鄰近府縣，或者逃到他省，也有
遠走鄰國者。而在逃難的過程中，遭到蚊蟲虎豹的侵擾、匪徒的搶殺，或是
感染疫病是常有的事。〔註19〕例如，1858 年的騰越廳「刀兵之餘時疫流行，
吾民幾無噍類矣」〔註20〕；1862 年的永昌府「瘟疫大行，屍骸遍野」〔註21〕。

　　經濟方面，戰亂除了使人口銳減，也使得雲南的可耕地無人耕種，只能
任其荒蕪，農產產量大減，農產價格也因而大漲，使得雲南各地飢荒頻傳。
1861 年，騰越曾經數月沒有米在出售，「近城村落餓死者相枕藉，自後連年皆

〔註13〕 杜文秀（1823～1872 年），本名楊秀，字雲煥，號百香，回族，清代雲南省永
　　　　 昌府保山縣人。
〔註14〕 〔清〕唐炯，《續雲南通志稿》卷 81，〈戎事〉，頁 12。
〔註15〕 黃嘉謨，《滇西回民政權的聯英外交》，臺北：中央研究院近代史研究所，1976，
　　　　 頁 218～219。
〔註16〕 黃嘉謨，《滇西回民政權的聯英外交》，頁 317。
〔註17〕 〔清〕唐炯，《續雲南通志稿》卷 81，〈戎事〉，頁 32。
〔註18〕 黃嘉謨，《滇西回民政權的聯英外交》，頁 317。
〔註19〕 王樹槐，《咸同雲南回民事變》，頁 319～321。
〔註20〕 〔清〕曹琨，《騰越杜亂紀實》，收入李根源輯，《西南稀見叢書文獻》卷 3，
　　　　 北京：學苑出版社，騰衝李氏曲石精廬民國 17 年印本，2009。
〔註21〕 〔清〕劉毓珂，《永昌府志》卷 28，〈戎事〉，臺北：成文出版社，光緒 11 年
　　　　 刊本，1967，頁 27。

饑，居民有食人肉者」〔註22〕，1865年騰越「附郭村民日苦苛役，夜苦橫劫，兵賊踩躪，田園荒蕪，米珠薪桂，死於兵燹、饑饉、瘟疫者逐年滋多」〔註23〕。1871年清兵攻下永昌府城時，「民半死於賊，半死於饑，存者十之一二，野菜田螺，搜食一空」〔註24〕，可見當時雲南各地的慘狀。

　　對外貿易方面，由於戰亂範圍遍及雲南全省，省內與省際的長程貿易因此不易進行，國際貿易亦然。1861年回軍攻下永昌府城與騰越廳城後，當時往來於雲南與緬甸間的貿易隊伍，經常會受到忠於清政府的團練，以及當地撣族、克欽族部隊的騷擾。在永昌有忠於清政府的李鳳祥組織民兵專門與回軍爲敵，多次攻打永昌府城；在騰越至八莫之間，則有同樣忠於清政府的李珍國集結的團練，時而突襲打劫往來的商隊，阻斷兩地之間的交通。〔註25〕回民政權騰越鎮守馬興堂曾與李珍國締結停戰通商規約，但不久即歸於無效；1868年英國駐緬京代表施樂登（E. B. Sladen）率領探險隊欲自上緬甸商業重鎮八莫出使位於大理的回民政權，在路途中也曾經遭受支持李珍國部隊的撣族頭目的阻撓。〔註26〕此外，由於雲南境內的騷亂，居住於八莫以東的克欽族掌握了滇緬山區間的商路，時常對往來的商隊收取保護費。〔註27〕

　　雲南回變期間，人口銳減，農田荒蕪，礦廠荒廢，貿易也顯得危險。清軍平定變亂之後永昌與騰越開始恢復農業的生產，「有田產者仍歸農業」。〔註28〕但是，更多的是田產被奪、失去田產的人們。他們爲了維持生計只能冒著生命危險，經過當時治安還十分敗壞的「野人山」，前往緬甸從事貿易、採礦，此後「窮走夷方急走廠」就成了滇西人維持生計，進一步暴富發財的管道，其中，前往克欽地區的玉石廠挖玉，就成了騰越人前往緬甸討生

〔註22〕〔清〕曹琨，《騰越杜亂紀實》，頁224。

〔註23〕〔清〕曹琨，《騰越杜亂紀實》，頁229。

〔註24〕〔清〕唐炯，《續雲南通志稿》卷82，〈戎事〉，頁28。

〔註25〕〔清〕岑毓英，《岑襄勤公奏稿》卷3，臺北：成文出版社，光緒23年刻本，1969，頁6～7。

〔註26〕李珍國的部隊阻撓施樂登探險隊，主要有兩個原因，其一，爲了打擊回民政權的經濟；其二，爲了避免英國探險隊在探明雲南與緬甸間的交通路線後，奪取華商在滇緬貿易中的主導地位。參考自黃嘉謨，《滇西回民政權的聯英外交》，頁93～95。

〔註27〕黃嘉謨，《滇西回民政權的聯英外交》，頁85。

〔註28〕〔清〕岑毓英，〈滇督岑毓英奏英員馬嘉禮在緬滇交界被戕一案現在拿辦情形摺〉，收入〔清〕王彥威、〔清〕王亮編，《清季外交史料》冊1卷1，臺北：文海出版社，1964，頁34。

活的選擇之一。

參、十九世紀後期至二十世紀前期雲南的經濟情況

十九世紀，以英、法兩國為主的歐洲國家，從政府到民間人士，為了要開通透過中南半島河流通往中國西南地區市場的商路，掀起了赴滇調查的熱潮，並出版了大量雲南調查相關書籍，使當時的歐洲社會在 1860 年代形成了「雲南神話」，想方設法要打開緬滇與越滇間的水陸交通。〔註29〕至 1880年代起，英、法兩國先後與中國簽訂商約，使雲南開放通商。1887 年，法國首先與中國簽訂《中法續議商務專約》〔註30〕，清政府同意在蒙自設立海關開放貿易，蒙自遂於 1889 年正式開放為商埠。1895 年，中法又簽訂了《中法續議商務界務專條》〔註31〕，清政府同意在思茅設立海關並開放對法國通商。至於在滇緬貿易中有重要地位的騰越，則是最晚開放的雲南邊境城市。1894 年所簽訂的《中英續議滇緬界務商務條款》〔註32〕，清政府准許滇緬間可以由蠻允、盞西這兩條太平江兩岸的商道進行貿易，並同意英國在蠻允派駐領事官，且待日後貿易昌旺後，再選一處設立海關。1897 年《中英緬甸條約附款暨專條》〔註33〕簽訂後清政府允許英國將駐蠻允的領事官改駐騰越或順寧，並允許英國在思茅設領通商。至 1902 年，騰越海關設立，正式通商。〔註34〕

蒙自、思茅與騰越開埠後，由於關稅相對低廉，以及免抽中國國內稅釐等因素，使得三地的商業貿易十分興盛，大量的洋貨，諸如棉花、棉紗、布匹等民生用品大量銷入雲南，使雲南自 1890 年起成為對外貿易入超地區。〔註35〕廉價質優的洋貨的大量銷入，首當其衝的就是雲南農村的手工業；

〔註29〕 Warren B. Walsh, *"The Yunnan Myth,"* The Far Eastern Quarterly, 2: 3（May 1943），pp.272～285。轉引自陸韌，〈現代西方學術視野中的中國西南邊疆史研究〉，收入陸韌主編，《現代西方學術視野中的中國西南邊疆史》，昆明：雲南大學出版社，2007，頁 1～39。

〔註30〕 謝本書等，《雲南近代史》，昆明：雲南人民出版社，1993，頁 134。

〔註31〕 《總理各國事務衙門》檔案，〈第十六號續議商務專條〉，中央研究院近代史研究所檔案館藏，館藏號：01-24-035-02-002。

〔註32〕 《總理各國事務衙門》檔案，〈續議滇緬界務商務條款〉，中央研究院近代史研究所檔案館藏，館藏號：01-23-001-01-002。

〔註33〕 《總理各國事務衙門》檔案，〈中英緬甸條約附款暨專條〉，中央研究院近代史研究所檔案館藏，館藏號：01-21-065-04-005。

〔註34〕 謝本書等，《雲南近代史》，頁 134。

〔註35〕 周鍾嶽等，《新纂雲南通志》卷 144，〈商業考二〉，南京：鳳凰出版社，1949

雲南土雜貨店也日減，洋貨商店日增。〔註36〕經營洋貨店的不只是洋商，
也有雲南本地的商人。例如在騰越地區，由於傳統上滇緬貿易是由騰越、永
昌商人所經營，外國勢力一直無法直接插足，就轉而以低價批發印度棉紗的
手段，來吸引騰越、永昌商人購買，再轉銷入雲南，等到洋紗在雲南有一定
的市占率後，又逐步抬高棉紗價格，使滇西經濟損失慘重。〔註37〕受到衝
擊的雲南農村手工業因為洋紗的大量銷入而破產，破產的農民不得不改種鴉
片，或是到緬甸、越南等「夷方」討生活。

圖 1-1　英國駐騰越領事館

圖片來源：騰衝縣政府編，《騰衝老照片》，騰衝：雲南出版集團公司、雲南人民出版
　　社，2010，頁 8～9。

　　年鉛印本，2009，頁 13～14。
〔註36〕楊維真，〈商埠、鐵路、文化交流──以近代雲南為中心的探討〉，《輔仁歷史
　　學報》24（新北，2009），頁 101。
〔註37〕楊煜達，〈試析近代滇西商品經濟的發展和影響〉，《保山師專學報》19：2（保
　　山，2000），頁 46。

圖 1-2　騰越關舊照

圖片來源：騰衝縣政府編，《騰衝老照片》，騰衝：雲南出版集團公司、雲南人民出版
　　　社，2010，頁 10。

第二節　緬甸政局和英國勢力在緬甸的發展（1750〜1940）

壹、貢榜王朝前期的緬甸政局（1750〜1824）

一、貢榜王朝前期的緬甸政局更迭

1753 年緬族繆紀（Myothugyi）〔註38〕雍籍牙（Aungzeya）稱王，建立貢榜（Konbaung）王朝，並於 1754 年攻下孟族（Mon）佔領的緬族京城阿瓦（Ava）。1757 年雍籍牙率軍攻下孟族政權的最後一個據點勃固（Pegu），基本統一了緬甸。〔註39〕

統一後的緬甸，大量人口死於戰亂，生產亦遭受破壞，而新成立的貢榜政府，以對外戰爭，掠奪他國人口與財富，來解決這一問題。〔註40〕孟駁（Shinbyushin）執政時期（1763〜1776），緬軍佔領了曼尼普爾（Manipur）、暹羅（Sayam），並入侵雲南邊區，掠奪當地人口與財富。

孟雲（Bodawpaya）執政時期（1782〜1819），再度對周邊國家進行侵略戰爭，但較前幾代國王重視國內的穩定與經濟的發展。1783 年起，孟雲下令各地繆紀針對全國經濟情況調查，並將其製作成悉檔（Sittan）〔註41〕，以方便政府瞭解並掌握各地的經濟實力。其中，以王室的服役組織阿赫莫旦（Ahmudan）〔註42〕的調查最為重要。此外，為了發展農業，孟雲疏浚與擴建緬甸中部乾燥平原區的灌溉渠道。透過這些措施，在孟雲統治緬甸時期，使緬甸的經濟

〔註38〕繆紀（Myothugyi）是一種官銜，為緬甸的省以下地方行政區繆（Myo）的領袖，他同時是地方封建的世襲領主，也是省的行政機關管理官吏，對地方的行政有很大的管理權限，參考自黃祖文，〈英國征服前夕緬甸的國家制度〉，收入黃祖文編譯，《緬甸史譯叢》，新加坡：南洋學會，1984，頁 37。

〔註39〕〔俄〕莫熱伊科、烏季諾夫著；黃祖文譯，〈緬甸史（1733〜1885）〉，收入黃祖文編譯，《緬甸史譯叢》，頁 1〜3。

〔註40〕賀聖達，《緬甸史》，北京：人民出版社，1992，頁 178。

〔註41〕悉檔（Sittan）是一種官方檔案，是貢榜時期緬甸的國家歲入調查報告，為繆的首領繆紀用以向貢榜政府報告本繆的大小、村和人口數量，課稅的數額和形式，以及關於繆紀自己對繆土地繼承權等情況，參考自黃祖文，〈英國征服前夕緬甸的國家制度〉，收入黃祖文編譯，《緬甸史譯叢》，頁 32。

〔註42〕阿赫莫旦（Ahmudan）是一種組織，是緬甸東吁與貢榜王朝時期直屬於緬甸國王，為王室服兵役和提供各種雜役的服役組織，參考自賀聖達，《緬甸史》，頁 109〜110、120〜122。

獲得一定的發展，也使得緬甸的王權獲得進一步的穩固。然而，此時期王權的強大，也限制了緬甸社會經濟的發展，在十九世紀初，緬甸即已呈現了在農業、手工業、礦業、商業貿易等方面發展的侷限，而這些局限，皆與貢榜王朝的土地王有制度有關。

二、貢榜王朝前期的緬甸社會經濟狀況（1750～1824）

如前所述，孟雲時期的全國調查以「阿赫莫旦」組織的調查最為重要，因為它是緬甸王權得以壯大的重要元素，而阿赫莫旦的重要性可以表現在農業生產上。從悉檔的紀錄可得知，貢榜時期的緬甸實施土地王有制度，國王直接掌控了全國大部分的土地，這些土地分配給各級阿赫莫旦及地方的阿臺（Athi）耕作。各級阿赫莫旦除了為國王生產糧食外，也要為國王服勞役與兵役。而各地的普通農人阿臺，他們所耕種的土地也屬於國王，但分配者是各地的繆紀。阿臺除了要繳交實物稅給國王，也要向繆紀繳交各種費用。這樣的制度，將緬甸人民固著於土地，忙於滿足上層階級要求，而無法脫離土地，從事其他行業。

阿赫莫旦制度也影響了緬甸手工業與礦業的發展。阿赫莫旦組織中，除了有務農者，也有手工業者及從事礦業者。他們首先服務的是上層階級，而非社會需要，民間一有優秀的工匠出現，隨即被收編入阿赫莫旦。因此，雖然在十九世紀初緬甸的手工業、礦業、金屬鑄造業都有一定規模，但因為無法自由發展，使得當時的緬甸手工業技術較其他地區落後。〔註43〕

手工業與礦業發展受限，也與當時緬甸商業貿易的不發達有關。貢榜前期緬甸的商業模式，主要是以物物交換的方式進行，雖然金屬貨幣已有使用，但沒有出現全國性的統一金屬貨幣。在十九世紀初商人在緬甸若要經營長程貿易，需要向國王申請許可證，並依照規定繳納一定數量的貨物給國王才可以進行。此外，當時經營長程貿易的商人還要面對貢榜政府在水路交通要道設立的稅關，以及各地官員的索賄。〔註44〕

經營這種特許貿易的商人，幾乎都是穆斯林或華人，這是因為在土地王有的制度下，無論是貴族、阿赫莫旦或是阿臺，都很難擺脫原來的社會地位而轉化為商人，因此當時的緬甸十分依賴華商自雲南販運而來的商品。例如

〔註43〕賀聖達，《緬甸史》，頁 181～182。
〔註44〕賀聖達，《緬甸史》，頁 183～184。

絲綢是當時緬甸人的主要衣服原料，但它須由華商自四川輾轉販運而來；
〔註45〕而緬甸所產的棉花，是當時雲南紡織手工業的主要原料，也是緬甸自
雲南賺取銅錢的主要收入來源，因此頗器重華商在滇緬之間進行的絲棉貿
易。〔註46〕在貢榜政府中，亦有華人任職於其中，依據曾遭緬甸拘留的中國
官員蘇爾相供稱，在十八世紀後期的貢榜政府中，有騰越人尹士賓、李萬全
擔任對中國貿易的管理官員。〔註47〕顯示當時貢榜政府對華商的重視。

　　對於海上貿易，貢榜政府態度則是積極的嚴控海上對外貿易，規定貿易
的數額，也經常性地限制大米出口，海關除了向進口的貨物徵收高額關稅外，
對於外國商船的檢查也十分地嚴格。〔註48〕

　　相對於海上貿易，貢榜政府對於滇緬間的陸路貿易限制較少。1765 年
孟駁遷緬京於阿瓦後，在阿瓦城內實施種族分區居住制度，其中即有一區為
華商居住區。〔註49〕可見當時滇緬貿易的頻繁。但在清緬戰爭後，清政府
於 1770 年單方面的關閉了滇緬邊境，禁止華商進入緬境貿易。直至孟雲繼
位後，積極地試圖與清政府恢復封貢關係，並於 1788 年遣使赴北京後，清
政府才正式於 1790 年宣布解除對緬甸的閉關禁市，此後，中緬間的陸路貿
易進入了相當繁榮的時期。〔註50〕

貳、英國勢力影響下的緬甸政局

一、戰爭前夕的緬英關係（1750～1824）

　　十八世紀，西班牙、荷蘭、英國、法國等西方國家在東南亞海域活動頻
繁，此時的緬甸已頻繁地與西方國家交流，這些交流包括了商業貿易，也包
括了武器交易。到了十八世紀中葉，在緬甸活動的西方國家主要是英國與法
國，他們在孟族起兵對抗東吁王朝之際，即開始在緬甸施展他們的影響力。

　　1750 年孟族政權派遣使者至法國東印度公司（Compagnie française des Indes

〔註45〕　〔英〕哈威著；姚枬譯註，《緬甸史》，北京：商務印書館，1957，頁 362：「如
　　　　　中國之絲，自陸道運，不得銷售外國，恐人民無衣也」。
〔註46〕　蘇秋月，〈近代雲南與東南亞的絲棉貿易〉，《東南亞南亞研究》3（昆明，2010），
　　　　　頁 78～82。
〔註47〕　中國第一歷史檔案館編，《乾隆朝上諭檔》冊 8，北京：檔案出版社，1991，
　　　　　頁 775～776。
〔註48〕　賀聖達，《緬甸史》，頁 183～185。
〔註49〕　〔英〕哈威著；姚枬譯註，《緬甸史》，頁 29。
〔註50〕　賀聖達，《緬甸史》，頁 172～185。

orientales）在印度的領地本地治里（Pondicherry）後，開始與法國有密切的往來，並得到後者的支持。〔註 51〕法國東印度公司不只提供槍砲彈藥給孟族政權，甚至曾派兵協助孟族政權對抗新興的緬族領袖雍籍牙。而英國東印度公司（British East India Company）緊追法國東印度公司之後，於 1753 年出兵佔領伊洛瓦底江三角洲的尼格萊斯（Negrais）島，並要求孟族政權讓與該島，但遭到拒絕。1755 年，英國東印度公司在雍籍牙南下攻取勃生（Bassein）、大光（Dagon，後改名為仰光 Yangon）等下緬甸要邑後，派遣使者赴緬甸，積極與雍籍牙的貢榜政府建立關係，並取得雍籍牙口頭承諾給予英國東印度公司在緬甸的貿易特權，以及允許英國東印度公司佔領尼格萊斯島；而英國東印度公司也允諾對貢榜政權提供武器。然而，在 1757 年雍籍牙攻下孟族最後的據點勃固，並驅逐法國勢力，統一緬甸之後，開始將目光指向尼格萊斯島。1759 年，雍籍牙以英國東印度公司軍艦協助孟族抵抗貢榜軍隊，以及他致英國國王的金表葉文沒有收到回信為由，下令軍隊攻打尼格萊斯，屠戮島上英國東印度公司人員。1760 年，英國東印度公司派遣使者赴緬會見緬甸國王莽紀瑞（Naungdawgyi）談判尼格萊斯島事件的善後處理，但談判破裂，緬英間的官方關係也因而中斷。雖然緬甸與英國的官方關係中斷了，但緬甸與英國的民間商業貿易往來持續不斷，尤其是在下緬甸的沿海地區。直到十九世紀初，英國與緬甸因為印緬的邊境問題再次接觸。〔註 52〕

1785 年，緬甸國王孟雲派兵佔領阿臘干（Arakan），並於隔年將阿臘干併入緬甸。〔註 53〕阿臘干被征服後，一些阿臘干人逃往印度的英國東印度公司控制區。緬軍為了追剿他們，時常侵入英國東印度公司控制的孟加拉（Bengal）地區，與英國東印度公司的軍隊時常衝突。至十九世紀初，英國東印度公司為解決印緬邊界問題，再次派遣使者出使緬甸。1795 與 1802 年，英國東印度公司派遣希姆斯（Symes）出使緬甸；1803、1809 與 1811 年英國東印度公司三度派遣康寧（Canning）出使緬甸。〔註 54〕1811 年，阿臘干領袖欽比揚（Chin Byan）在英國東印度公司控制的印度領地招募阿臘干難民，裝備英國新式武器，渡過印緬界河內府河（Naaf）攻入阿臘干。〔註 55〕這事件使得緬英關係再

〔註 51〕 陳鴻瑜，《緬甸史》，臺北：臺灣商務印書館，2016，頁 76。
〔註 52〕 賀聖達，《緬甸史》，頁 219～222。
〔註 53〕 〔俄〕莫熱伊科、烏季諾夫著；黃祖文譯，〈緬甸史（1733～1885）〉，收入黃祖文編譯，《緬甸史譯叢》，頁 12。
〔註 54〕 賀聖達，《緬甸史》，頁 221～222。
〔註 55〕 陳鴻瑜，《緬甸史》，頁 91～95。

度緊張，因孟雲認爲欽比揚的叛亂是受到英國的唆使。直到 1815 年欽比揚去世，叛亂活動漸被鎮壓，緬印邊境的局勢才稍微趨緩，但緬英的關係已出現裂痕。欽比揚事件後，英國東印度公司又與緬甸爲了緬印間的曼尼普爾與阿薩姆（Assam）而有衝突，在 1819 年孟雲的孫子孟既（Bagyidaw）執政（1819～1837）後衝突日漸升溫，終於在 1824 年，因爲內府河口刷普黎（Shahpuri）島的衝突而引發戰爭。〔註56〕

二、三次英緬戰爭期間的緬英關係（1824～1885）

1824 至 1826 年間，緬英雙方在伊洛瓦底江下游與緬印邊界兩處開打。英軍溯伊洛瓦底江北上，沿途攻下沿江各大城邑。1826 年，英軍抵達緬京阿瓦附近的楊端波（Yandabo），貢榜政府因而被迫與英軍於楊端波談判停戰並簽訂《楊端波條約》。條約的內容包括緬甸割讓阿臘干、丹那沙林（Tenasserim）等地；緬甸須賠償英國東印度公司一千萬盧比；英國船隻可以自由進出緬甸港口，且商船免稅等。〔註57〕1826 年 9 月，緬英雙方簽訂商業條約，條約規定，英緬雙方相互允許對方的商人在各自的國境內自由貿易，同時緬甸政府擬訂港口關稅等。〔註58〕此後，英國的力量開始介入了緬甸的商業貿易發展。

第一次英緬戰爭後，貢榜政府爲了支付賠款，對全國規定了特別稅，緬甸因而能在 1832 年將賠款還清，但人民的壓力因而增加。〔註59〕1837 年，緬甸親王孟坑（Tharrawaddy）起兵，緬甸國王孟既被迫於同年讓位予孟坑。孟坑執政（1837～1846）後，不否認也不承認與英國簽訂的《楊端波條約》，亦冷落英國東印度公司派駐貢榜政府的代表。1846 年孟坑死去，其子蒲甘曼（Pagan）執政（1846～1853）後也未改變這一狀況，但英商依然在緬甸活動頻繁。〔註60〕

1840 年英國對中國發動戰爭後，打開了中國的國門，但美、法等勢力亦隨之進入中國市場，使得中國東南沿海的商業競爭激烈；而中國西南各省，人口眾多，物產豐富，若英國能打通緬甸伊洛瓦底江至雲南的商路，可

〔註56〕 賀聖達，《緬甸史》，頁 226。
〔註57〕 〔英〕哈威著；姚枬譯註，《緬甸史》，頁 333。
〔註58〕 Maung Htin Aung, *A History of Burma*（New York &London: Columbia University, 1967）, p.218. 轉引自陳鴻瑜，《緬甸史》，頁 98。
〔註59〕 〔俄〕莫熱伊科、烏季諾夫著；黃祖文譯，〈緬甸史（1733～1885）〉，收入黃祖文編譯，《緬甸史譯叢》，頁 18。
〔註60〕 賀聖達，《緬甸史》，頁 237。

節省英國商品海運銷往中國的長途海運運費，並拓展英國商品在中國的市場。〔註 61〕但隨著貢榜政府對英國的態度轉為消極，使得英國透過外交手段打開中國西南市場的途徑被打斷，因此，英國開始計畫下一場的對緬戰爭。〔註 62〕1852 年，英國東印度公司以 1851 年貢榜政府的勃固行政長官對違法的英國船員處以罰款侵害了英國人的利益為由，直接向緬甸開戰。戰後，英國東印度公司宣布佔領勃固地區。蒲甘曼也因戰爭的失敗，而在 1853 年遭到王弟明頓（Mindon）篡位。〔註 63〕

　　第二次英緬戰爭後，緬甸失去了所有的海岸線，成為內陸國。明頓執政（1853～1878）後，貢榜政府開始實施各項改革。〔註 64〕雖然明頓實施了廣泛的改革，但由於王室內部的鬥爭、國際環境的不利、貴族的反對，影響著改革的進行，其中，土地王有制度、阿赫莫旦制度、王室貿易壟斷等制度未動，更使得改革廣而未深，成效有限。1878 年明頓死後，其子錫袍（Thibaw）繼位後，還廢除了若干明頓時期的改革項目。〔註 65〕

　　在明頓執政時期，英國繼續透過外交手段，藉由與貢榜政府簽訂商業條約的方式，執行其打開中國西南市場的目的。1862 年，英印政府遣使赴緬

〔註 61〕 黃嘉謨，《滇西回民政權的聯英外交》，頁 61。
〔註 62〕 賀聖達，《緬甸史》，頁 237～238。
〔註 63〕 〔俄〕莫熱伊科、烏季諾夫著：黃祖文譯，〈緬甸史（1733～1885）〉，收入黃祖文編譯，《緬甸史譯叢》，頁 20～21。
〔註 64〕 明頓的改革在對外關係方面，積極派遣使臣赴歐，欲與歐陸國家（尤其是法國）建立外交關係，但遭到英國的阻撓，此外，貢榜政府也派遣貴族子弟前往歐洲與印度學習。交通方面，1865 年貢榜政府派遣學生赴印度學習電報架設與收發技術，並在 1870 年建立了八莫至仰光間的電報線，此外，貢榜政府也購買了七艘輪船，從事伊洛瓦底江的航運業。軍事改革方面，貢榜政府引進製造新式武器的國營兵工廠。經濟方面，1865 年貢榜政府改革原來緬甸商業交易的物物交換模式，或持貴金屬塊交易的情況，開始發行統一的貨幣，並向國外購買機器，建立小型的紡織、碾米、製糖、鋼鐵廠。吏治方面，貢榜政府試圖將官吏的收入來源，由食邑制，改為薪俸制。稅制方面，貢榜政府開始實施「徹徹米達稅」（Thathameda，又稱戶稅或什一稅），但由於貢榜政府沒有取消各階級在土地王有制度中的權利義務，使得這項政策成為變相的加稅，緬甸農民的負擔因此增加。這部分可參考賀聖達，《緬甸史》，頁 261～263：〔俄〕莫熱伊科、烏季諾夫著：黃祖文譯，〈緬甸史（1733～1885）〉，收入黃祖文編譯，《緬甸史譯叢》，頁 23：〔英〕哈威著；姚枏譯註，《緬甸史》，頁 339～340。
〔註 65〕 〔俄〕莫熱伊科、烏季諾夫著：黃祖文譯，〈緬甸史（1733～1885）〉，收入黃祖文編譯，《緬甸史譯叢》，頁 23。

京曼德勒與貢榜政府談判並簽訂《1862 年英緬條約》，規定緬甸割讓勃固地
區予英國，貢榜政府則准許英國人至上緬甸建屋貿易、英國可以設使館於緬
京曼德勒、英國船可在伊洛瓦底江上航行，以達於緬京曼德勒。此外貢榜政
府也准許英國人經由上緬甸自由前往雲南，並准許華人自由取道緬境到英國
屬地，藉以重開滇緬間的商路，而貢榜政府的條件是中國貨物輸出，按值徵
稅百分之一，輸入則否。至 1867 年，英國又與貢榜政府簽訂《1867 年英緬
條約》，其中規定英國政府得任命官員常駐緬甸境內任何稅關所在地，處裡
所有涉及關稅的英國商務，並得以就地購地建屋居住；貢榜政府同意英國派
遣官員經由八莫（Bhamo）前往雲南調查的計畫。〔註 66〕此外，貢榜政府也
同意取消對柚木、石油和紅寶石以外的一切輸出品的專賣壟斷。〔註 67〕

　　英國與貢榜王朝簽訂兩份條約之後，即派遣了若干探險隊赴滇緬邊境及
滇西地區進行調查，並與當時在滇西主政的杜文秀政權〔註 68〕有所接觸。
1863 年英國駐緬代表惠廉士（Williams）自緬京曼德勒北上，調查八莫及其周
邊地區狀況。1868 年，英國駐緬京代表施樂登（Sladen）率團自緬京曼德勒啟
程，溯伊洛瓦底江至八莫，再前往雲南的騰越。施樂登在騰越受到杜文秀政
權在當地的軍事首領李國綸歡迎，並與之簽訂商務協定。在《1867 年英緬條
約》簽訂後英國隨即根據條約的內容，於 1869 年在八莫設置代表處，並派
駐代表。〔註 69〕至此，英國已控制了伊洛瓦底江江口三角洲至八莫的商業利
益。緬甸已成為英國的半殖民地。

　　1885 年，英國以緬甸政府對英商「孟買緬甸貿易公司」處以巨額罰款為
由向緬甸開戰。1885 年底英軍在幾乎沒有反抗的情況下攻入緬京曼德勒，擄
走國王錫袍及其王后。英國於 1886 年宣佈併吞上緬甸，緬甸成為英屬印度的
一個省。

〔註 66〕黃嘉謨，《滇西回民政權的聯英外交》，頁 64、88。

〔註 67〕賀聖達，《緬甸史》，頁 269～270。

〔註 68〕1856 年大理及其周邊的回民佔領大理府城，推舉杜文秀為總統兵馬大元帥，
　　　　並成立「平南國」。至 1873 年，杜文秀所建立的政權遭清軍完全消滅。詳細
　　　　內容請參見黃嘉謨，《滇西回民政權的聯英外交》，頁 218～219。

〔註 69〕黃嘉謨，《滇西回民政權的聯英外交》，頁 80～114、131～144。

圖 1-3　緬甸的領土變化（1500～1856）

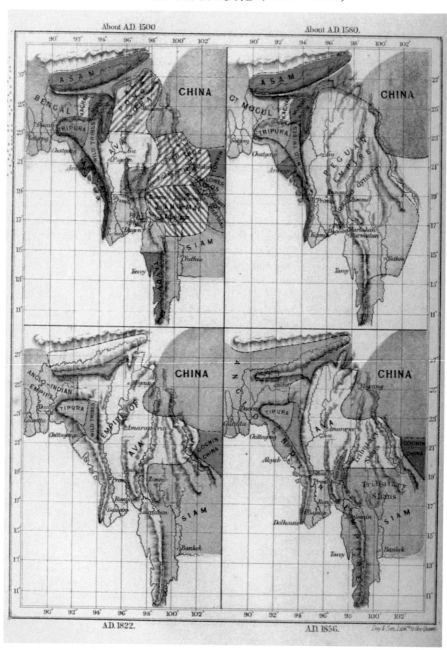

圖片來源：Yule Henry, *A Narrative of the Mission Sent by the Governor-general of India to the Court of Ava in 1855, with Notices of the Country, Government, and People*（London: Smith Elder and Co, 1858）.

參、英國在緬甸的殖民統治

一、英國在緬甸的交通建設投資

自 1826 年緬甸割讓阿臘干與丹那沙林予英國後，英國開始對緬甸的一部份區域實施殖民統治，但英國統治的範圍還未涉及緬甸的核心區域，直到 1852 年，英國在第二次對緬戰爭後佔領了勃固地區，英國在緬甸的殖民統治才開始影響緬甸核心地區，其中，英國對伊洛瓦底江航運的開發，以及鐵路的建設，更是影響了日後中緬玉石貿易的發展。

1862 年英緬雙方簽定《1862 年英緬條約》，英國除了迫使貢榜政府正式割讓勃固地區外，也取得了伊洛瓦底江自出海口至緬京曼德勒的航行權。1863 年，英國殖民政府將其所擁有的四艘輪船與三艘平底船賣予從事緬甸沿海貿易的「格拉斯頓亨德遜公司」的股東，該公司於隔年底改組為「伊洛瓦底江船隊和緬甸輪船航運有限公司」，開始投入伊洛瓦底江航運的開發。《1867 年英緬條約》使英國商業勢力得以延伸到上緬甸八莫地區後，該公司分別於 1868 及 1869 年開設了由仰光駛往曼德勒及八莫的航線。1876 年該公司更名為「伊洛瓦底江輪船公司」時已經是一家擁有十一艘輪船、卅二艘駁船、六十五艘平底船的大輪船公司，壟斷了伊洛瓦底江上的航運業務。在鐵路方面，1877 年殖民政府已建成了仰光到卑謬（Prome）的鐵路，1884 年仰光至東吁（Taungoo）的鐵路也建成通車。〔註70〕

1886 年英國佔領整個緬甸之後，將其在勃固地區的交通建設，向上緬甸延伸。航運方面，在 1903 年，伊洛瓦底江航運公司已擁有大小船隻一百二十艘，僱員七千人，每年運送旅客二百二十五萬人次，至 1916 年該公司的大小船隻已增至五百多艘，僱員也已超過一萬一千人，其中水上工作人員就有五千多人。該公司在伊洛瓦底江畔要邑建造了碼頭，在仰光還有船隻的修配廠。在二十世紀初期，伊洛瓦底江航運公司已成為世界上最大的內河航運公司。鐵路方面，1886 至 1889 年間，東吁至曼德勒的鐵路建成，1898 年這條鐵路還延伸至密支那；1902 年曼德勒到臘戍的鐵路建成。〔註71〕至此，英國在緬甸的內河航運以及鐵路，已經深入至滇緬邊境，除了使緬甸的南北經濟成為一體，也使得中緬玉石貿易的路線出現變化。

〔註70〕賀聖達，《緬甸史》，頁 246、255～256。
〔註71〕賀聖達，《緬甸史》，頁 293～295。

二、英國在上緬甸克欽族地區的統治

英國在佔領上緬甸之初，統治並不穩固。1886 年英國宣布佔領上緬甸後，隨即要面對的是上緬甸各地尚未被解除武裝的緬甸軍隊、不服統治的緬族，以及居於邊區山地的各少數民族勢力。另一方面，直到 1888 年英國對以緬族居民為主的伊洛瓦底江中下游地區的統治才逐漸穩定。〔註72〕在鞏固對緬族居住區的統治後，英國才將目光轉向上緬甸邊區山地的少數民族區域。

在貢榜王朝滅亡之後，撣、克欽、欽等少數民族土司各自為政。1886年起，英國開始對撣族地區進軍，至 1888 年撣族居住的大部分地區已被英國控制。1889 年英國向北入侵克欽族居住的山區，遇到性情強悍的克欽人的激烈抵抗，大約在同一時期，英國也向欽族居住區進軍，同樣遭遇頑強的抵抗。英國為了控制克欽族與欽族地區，採取了較激進的手段，對於不服從統治的地區，就逮捕當地的土司，並對當地實施滅村。同時，英印政府也提出只要服從英國統治，英印政府就不干預少數民族土司對當地的統治權。至 1890 年，英國對緬甸撣族地區，以及克欽、欽族地域基本上已完全掌控。〔註73〕

英國對緬甸的統治，採取的是「分而治之」（divide & rule）政策，對緬族居民佔多數的伊洛瓦底江中下游地區所實施的是直接統治，而在少數民族地區，則是實施間接統治，保留那些投降英印當局的少數民族區域的社會組織及經濟體制，以及當地土司的統治權及世襲地位。這些服從英印當局的土司，則需按照貢榜時期定下的數額，或是英印政府征服各民族時所規定的額度交納貢賦。此外，土司還要為英印政府維持當地的治安，保證貿易道路的暢通。位於克欽山區的緬甸玉石產地，就是英國以這種分而治之的方式，委由當地的賴賽山官與幹昔山官來統治，並給予他們徵收玉石崗稅的權力，這部分在第二章會作詳細說明。

英國政府在緬甸邊區山地所實施的間接統治方式大體運作順利，但隨著英國在緬甸的勢力日益鞏固，其管轄權逐漸凌駕於土司，而使得間接統治在日後漸漸演變成英國官員的直接統治。〔註74〕

〔註72〕賀聖達，《緬甸史》，頁 281。
〔註73〕賀聖達，《緬甸史》，頁 281～284。
〔註74〕陳鴻瑜，《緬甸史》，頁 121～122。

第三節　十九至二十世紀前期的中緬貿易發展

壹、十九世紀前期滇緬貿易的恢復與發展

在十七世紀後期，已經有爲數不少的華人赴緬貿易，「出關互市者，歲不下千百人，人齎鑼鍋數百，遠赴蒲紺，是緬人不費斗粟，徒以瓦礫無用之物，歲收銅斤數十萬也」〔註75〕1746 年雲貴總督張允隨向乾隆皇帝的報告對當時在滇緬間存在的廣泛貿易做過敘述。張允隨指出在普洱地區的土司及中國境外的民族所需的各項食用貨物，或由內地販往，或自外地販來，彼此相需，出入貿易，由來已久，當時華人「往來夷方，絡繹不絕，其貿易獲利者，皆即還故土，或遇賒本耗折，欲歸無計，即覓礦廠謀生，凡此皆關滇民生計，自開滇至今，歷來情形如此，非始自今日」。雖然當時清政府禁止人民赴國界之外開礦，但「滇省原無富商大賈，凡出外貿易商民，驢馱馬載者少，肩挑背負者多，廠民出外亦皆帶有貨物，與商賈無異，經過塘汛，查無違禁之物，即便放行」。〔註76〕從張允隨的奏摺可知，在十八世紀前期，華人赴緬甸開礦及貿易已經是常事，而且這些赴緬的華人，有時既是商賈，又是礦工。當時清政府對於出國開礦採禁止態度，但邊關對往來行旅的檢查不甚嚴，而且「夷道道路叢雜，山徑分歧，不能處處安塘設汛」〔註77〕。

張允隨所指的是自普洱地區赴緬的華人狀況，但當時自雲南赴緬的華人，大多沿著發源自騰越地區的太平江所形成的河谷前往緬甸貿易。新街（今八莫）因爲位於伊洛瓦底江與太平江〔註78〕的交會處，因此是華人在緬甸與當地人貿易的重要市場。不過，由於騰越至八莫的道路在春夏之時「瘴熱最盛」，因此華人通常是在每年 9 月瘴氣較消時，才會前往新街與當地人交易，「夷民貿易略成村市，一交三月，俱各自散歸，仍爲廢墟」〔註79〕。在中國，「凡內地貨物販於外，及外夷貨物販於內，皆經由永昌府城分發轉運」。〔註80〕

〔註75〕〔清〕劉崑，《南中雜說》，上海：商務印書館，叢書集成初編本，1936，頁 38。

〔註76〕〔清〕張允隨，《張允隨奏稿》，收入方國瑜主編，《雲南史料叢刊》卷 8，昆明：雲南大學出版社，1998，頁 683～684。

〔註77〕〔清〕張允隨，《張允隨奏稿》，收入方國瑜主編，《雲南史料叢刊》卷 8，頁 684。

〔註78〕大盈江的下游部分，最終注入伊洛瓦底江。

〔註79〕中研院史語所編，《明清史料》庚編冊 7，臺北：中央研究院歷史語言研究所，1999，頁 639。

〔註80〕〔清〕彰寶，〈雲貴總督彰寶等奏報雲南永昌等三府稅課虧短實況事〉，收入

　　1765 年清緬戰爭，使中國與緬甸的關係陷入緊張，滇緬間的貿易也受到打擊。清政府為了防止「姦民」藉赴緬貿易的機會向緬軍通風報信，遂禁止了滇緬間的邊關互市，「姦民販貨出口拏獲即行正法。隘口兵丁得財賣放者，一併正法。失察之文武官弁，查明叅革。如能拿獲者，即將貨物賞給」〔註81〕，這樣的嚴刑峻法，使得滇緬間的貿易近乎斷絕。

　　戰爭的範圍遍及伊洛瓦底江中上游，伊洛瓦底江中上游的貿易重鎮新街、蠻暮等地經過兵火的摧殘後已成廢墟。但在清政府閉關禁市的時期，中緬貿易並未完全斷絕，由於滇緬邊境僻徑甚多，還是有些許的商賈冒著生命危險在滇緬間貿易。此外，在此一時期中緬貿易也透過海路繼續進行。1777 年雲貴總督李侍堯向乾隆皇帝報告緬甸邊境事務時，就曾提到緬甸棉花經由海路銷往廣州之事，令他覺得在滇緬邊境厲行的閉關禁市政策似乎沒有效果。〔註82〕

　　滇緬邊境的閉關禁市狀態，直到 1790 年緬甸國王遣使入貢中國，清政府才停止執行這一項禁令，重新開放滇緬間的陸路貿易。邊境重新開放後，滇緬間的陸路貿易逐漸恢復並日漸繁榮。〔註83〕

　　1795 年被英國東印度公司派遣出使緬甸的希姆斯（Symes）在他的著作中，曾經提到當時位於緬甸中部平原的緬京阿摩羅補羅（Amarapura）與雲南之間貿易頻繁，從阿瓦輸出的棉花，用大船沿著伊洛瓦底江運至八莫與中國人交易，中國人再將棉花經由水路或陸路運至雲南，除了棉花外，緬甸也向雲南輸出琥珀、象牙，寶石等物；雲南則向緬甸輸出生絲、金、銀、紙張等。〔註84〕

　　1826 年被英國東印度公司派往緬甸與貢榜政府談判簽署商業條約的克勞福德（Crawfurd）在他的著作中描述：雲南與緬甸間的長程貿易主要由在緬華商

　　　　國立故宮博物院編，《宮中檔乾隆朝奏摺》輯 34，臺北：國立故宮博物院，1988，頁 124～129。

〔註81〕〔清〕阿里衮，〈阿里衮奏請定姦民販貨出緬之罪以重軍紀摺〉，收入國立故宮博物院編，《宮中檔乾隆朝奏摺》輯 31，頁 78。

〔註82〕〔清〕李侍堯，〈雲貴總督李侍堯奏陳緬甸邊務事〉，收入國立故宮博物院編，《宮中檔乾隆朝奏摺》輯 38，頁 308～311。

〔註83〕余定邦、喻常森等，《近代中國與東南亞關係史》，廣州：中山大學出版社，1999，頁 141。

〔註84〕Michael Symes, *An Account of an Embassy to the Kingdom of Ava, Sent by the Governor-general of India, in the Year 1795*（London: printed by W. Bulmer and Co; and sold by Messrs. G. and W. Nicol; and J. Wright, 1800），p.325.

與中國內地的商人來施行，每年進行一次。華人商隊一般在 12 月時會到阿瓦，貨物不走水路，也不用馬車運，而是用牲畜駄運。除了棉花外，其他的商品大部分都是在八莫進行交易。〔註 85〕由於貿易的繁盛，大量華人開始在緬甸定居，克勞福德就觀察到當時定居在舊緬京阿摩羅補羅的華人就有三千人，周遭的城市，像是阿瓦與實皆（Sagaing）也居住了華人兩百人，他們多來自雲南，從事的行業多是商業貿易。〔註 86〕

貳、十九世紀中葉後滇緬貿易的變化

至十九世紀中葉，中國與緬甸間的貿易方式，漸漸從以陸路貿易為主，轉變為以水路為主的貿易方式。令中緬貿易出現這樣的變化，主要是受到兩件重要歷史事件的影響，一是 1856 年起在雲南西部發生的回民起事，一是1862 年緬甸正式割讓卑謬以南的伊洛瓦底江下游地區（即勃固地區）給英國。

1852 年緬甸在第二次英緬戰爭中戰敗，伊洛瓦底江下游的勃固地區遭英國佔領。戰爭之後，緬甸國王蒲干曼遭罷黜，其王弟明頓於隔年登基為新的緬甸國王。明頓上臺後，在緬甸國內推行多種改革，為了推行改革，緬甸國王開始插手當時由華商控制的棉花收購生意。長期以來，華商將中國西南所產的黃絲駄運至緬甸銷售，再預付款項給緬甸的棉花農種植棉花，俟棉花收成後再向棉農收取棉花運回雲南銷售。但在 1854 年，緬甸國王明頓宣布這種棉花收購模式只有緬甸國王可以經營，華商若想要得到棉花，就必須向緬甸國王購買。〔註 87〕明頓的這一做法，損害了華商的利益，但由於棉花是雲南的民生用品，華商因此也只能接受這一事實。

1856 年以杜文秀為首的回軍自大理府起事後，就開始四處攻城掠地，至1860 年，戰火延燒至滇西商務中心永昌府及騰越廳。騰越遭回軍攻陷後，當地忠於清政府的仕紳，例如李珍國、劉光煥等就在騰越廳城周遭集結難民，組織團練，時常攻擊回軍，並阻斷滇緬間的交通。〔註 88〕在清政府對滇緬邊

〔註 85〕 John Crawfurd, *Journal of an Embassy from the Governor General of India to the Court of Ava in the Year 1827*（Cambridge: Cambridge University Press, 2012），pp. 436-437.

〔註 86〕 John Crawfurd, *Journal of an Embassy from the Governor General of India to the Court of Ava in the Year 1827*, pp. 471-472.

〔註 87〕 Yule Henry, *A Narrative of the Mission Sent by the Governor-general of India to the Court of Ava in 1855, with Notices of the Country, Government, and People*（London: Smith Elder and Co, 1858），p.144.

〔註 88〕 〔清〕岑毓英，《岑襄勤公奏稿》卷 3，頁 6～7。

境的山區失去控制力後，當地的克欽族與撣族部落也加入了向來往於滇緬間的商隊收取過路費的行列。這些部落，有些忠於李珍國的團練，有些則忠於回軍，更有些已處於獨立狀態，這就使得滇緬貿易的安全變得很不確定，來往於滇緬間的貿易隊伍，無論在雲南回變中立場偏向何方，都有可能遭到搶劫勒索。〔註89〕此外，雲南當局爲了籌措對回軍作戰的軍費，1864 年，當時的雲貴總督崇光在雲南創設釐金局，按月向坐商徵收「板釐」，也在交通要道設卡向行商徵收「活釐」，使得由雲南人經營的中緬陸路貿易，成本因而增加。〔註90〕

　　相對於滇緬商路因爲雲南回變而顯得危險，華人在伊洛瓦底江流域則有較大的發展。如前所述，英國在 1862 年與緬甸簽訂條約，緬甸同意華人得以自由地經由上緬甸經營雲南與下緬甸間的貿易，而英國也可自由地上溯到緬京曼德勒，並且可以毫無限制地通過上緬甸前往雲南。〔註91〕相對於滇緬商道因爲雲南回變而顯得危險，通過伊洛瓦底江與下緬甸貿易，成了上緬甸滇籍華商的新貿易方式。此外，在《1862 年英緬條約》簽訂後，英國就積極的開發伊洛瓦底江的內河航運以及建設下緬甸的鐵路。〔註92〕爾後，英國又在《1867 年英緬條約》中取得了在緬甸的任何的關稅所派駐代表的權力，〔註93〕並在 1869 年於上緬甸商業要邑八莫設置代表，直接地插手滇緬貿易的事務。1875 年英國更派遣調查隊自八莫進入雲南，試圖考察自八莫至長江流域的交通線。調查隊在騰越與八莫間遭到攻擊，英國駐滬領事館翻譯官馬嘉禮遭到殺害，此即「馬嘉禮事件」。〔註94〕英國藉此機會，以馬嘉禮遭殺害的事件，與清政府談判新的通商事務，於 1876 年簽訂《中英煙臺條約》及其續約專條，此約規定中國開放長江中上游的商埠，也讓外國貨物在中國取得免收釐金的特權；此外，清政府也同意「所有滇省邊界與緬甸地方來往通商一節應如何明定章程，於滇案議結摺內，一併請旨飭下雲南督撫，俟英國所派官員赴滇後，即選派妥幹大員會同妥爲商訂」。〔註95〕

〔註89〕黃嘉謨，《滇西回民政權的聯英外交》，頁 86〜90。

〔註90〕李珪主編，《雲南近代經濟史》，昆明：雲南民族出版社，1995，頁 156。

〔註91〕黃嘉謨，《滇西回民政權的聯英外交》，頁 64。

〔註92〕賀聖達，《緬甸史》，頁 246、255〜256。

〔註93〕黃嘉謨，《滇西回民政權的聯英外交》，頁 64、88。

〔註94〕謝本書等，《雲南近代史》，頁 69〜81。

〔註95〕《總理各國事務衙門》檔案，〈煙臺條約續增專條〉，中央研究院近代史研究所檔案館藏，館藏號：01-21-033-04-001。

英國與緬甸簽訂條約，以及在緬甸投資鐵路與內河航運的目的，除了要讓英國的商業勢力能夠擴展至全緬甸，也希望能夠透過緬甸這一「捷徑」，將英國的工業產品銷往中國西南各省的廣大市場。但也因為英國在緬甸的這些行動，使得緬甸所出產的商品，例如棉花、玉石等，開始轉由水運的方式銷往中國。〔註96〕

1886年英國宣布兼併上緬甸後，與清政府簽訂《中英緬甸條款》，中國承認英國對上緬甸的統治，也應允「中緬邊界應由中英兩國派員會同勘定，其邊界通商事宜亦應另立專章，彼此保護振興」〔註97〕。至1891年，出使英法義比大臣薛福成主動與英國外交部交涉。薛福成為了瞭解滇緬邊境的各項事務，以及華商在緬甸的發展，在其日記中記錄了許多與此相關的內容。而薛福成記下的這些內容，有許多是參考自姚文棟等人在當地的調查。

在《出使日記續刻》中，薛福成參考了姚文棟所編的《集思廣益編》中，選錄的陳還撰寫的〈縷陳緬甸近年情形〉〔註98〕，記下了緬甸各地的華商情形。日記中薛福成敘述1890年代的緬甸「海口華商約二萬四五千人，巨商則閩多於粵。至沿江各埠，生涯全屬滇人。計輪船停泊裝卸貨客之大埠二十三，小埠二十九。而滇商之眾首數阿瓦，約萬二千人，次則新街、猛珙不下五千，其餘各數十百人。至行商貨駝，年常二三萬，秋出春歸」〔註99〕。1894年薛福成與英國簽訂《中英續議滇緬界務條款》之前，已有大量華人在緬甸發展。來自雲南的華人主要在伊洛瓦底江沿岸各埠發展，其中又以阿瓦、新街、猛拱等地是滇籍華人較多的城邑；來自福建與廣東的華人則多在緬甸沿海各埠發展。

此外，薛福成也提到了當時滇緬貿易的主要路線，其敘述滇緬邊境由於「承平日久，從前華緬之要路，今俱改易，或為野人盤踞，或煙瘴甚大，或地僻路險野獸傷人。現在通緬之路，則以蠻允外之上中下三路，為商賈往來大道，中隔野人山三日程，惟行旅久與習熟，往來均亦相安。神護關外野人

〔註96〕　〔清〕黃懋才，〈西輶日記〉，收入〔清〕王錫祺編，《小方壺齋輿地叢鈔》帙10冊54，臺北：廣文書局，光緒17年上海著易堂鉛印本，1962，頁426～427。
〔註97〕　《總理各國事務衙門》檔案，〈中英緬甸條款〉，中央研究院近代史研究所檔案館藏，館藏號：01-21-064-07-002。
〔註98〕　〔清〕陳還，〈縷陳緬甸近年情形〉，收入〔清〕姚文棟編，《集思廣益編》卷1，臺北：文海出版社，清光緒間刊本，1985，頁3。
〔註99〕　〔清〕薛福成，《出使日記續刻》卷3，臺北：華文書局，國立臺灣大學圖書館所藏清光緒24年刊本，1968，頁72。

挖取玉石、琥珀，進古永販賣無關稅。由新街進鐵壁關，走猛卯、遮放、芒市至龍陵，路甚平坦，從前貢象出入大道，惟夏秋煙瘴甚大，冬春商貨暢行」〔註100〕。可見從 1870 年代雲南回變結束後的二十年，滇緬間的貿易已經有所恢復，每年有二至三萬的華人透過陸路前往緬甸貿易，並沿著伊洛瓦底江發展，其中阿瓦、新街及猛拱是上緬甸主要的華人與緬甸人交易地。但往來滇緬的馱商隊還是會遭受到來自於土著、野獸以及瘴癘的威脅。

在經過薛福成三年多的交涉後，清英雙方於 1894 年簽訂《中英續議滇緬界務商務條款》，其中的商務部分，影響了日後中緬間無論是陸路或是水路貿易的發展。條約中的第八款規定自條約簽訂後的六年，「中國所出之貨及製造之物，由旱道運入緬甸，除鹽之外概不收稅；英國製造之物及緬甸土產運出緬甸，由旱道赴中國，除米之外概不收稅」；第九款規定「貨由緬甸入中國，或由中國赴緬甸過邊界之處，準其由蠻允、盞西兩路行走，俟將來貿易興旺，可以設立別處邊關時，再當酌量添設」，清政府並答允條約簽訂後的六年，「凡貨經以上所開之路運入中國者，完稅照海關稅則減十分之三；若貨由中國過此路運往緬甸者，完稅照海關稅則減十分之四」；第十二條規定「中國運貨及運礦產之船隻，由中國來或往中國去，任意在厄勒瓦諦江（即大金沙江）行走，英國待中國之船如稅鈔及一切事例，均與待英國船一律」；在十七款更規定「無論英民在中國地界或華民在英國地界，凡有一切應享權利，現在所有或日後所添，均與相待最優之國一律不得有異」。〔註101〕

從上列《中英續議滇緬界務商務條款》中關於中緬貿易的條款可以發現，此條約的簽訂，使得滇緬間的貿易，得到了免稅或者是稅率減免的保障，中國的船隻也得到了可以自由航行於伊洛瓦底江的權利。將薛福成在日記中所記錄的內容，與 1894 年簽訂的條約內容作比對可以發現，薛福成在談判滇緬商務條約時，已經考慮到在緬甸已經發展許久的華商的利益，欲透過稅率優惠以及伊洛瓦底江自由航行，使華商在緬甸的商貿發展能更上一層樓。但是日後的中緬貿易發展，並不能如薛福成所想的發展，條約中的種種貿易優惠，反而成為印度棉紗傾銷雲南地區的有利條件。

自條約簽訂後，騰越「店館林立，地皮高貴，穀米有價，保商緝私之軍隊，以及郵電海關頓然成立，駐節大理之迤西道並駐於此，外國領署亦增設

〔註100〕〔清〕薛福成，《出使日記續刻》卷6，頁 24。
〔註101〕《總理各國事務衙門》檔案，〈續議滇緬界務商務條款〉，中央研究院近代史研究所檔案館藏，館藏號：01-23-001-01-002。引文中括號內文字是原文。

馬，是爲騰越市場之『極盛時代』」〔註102〕，但到了二十世紀，由於英國主導的滇緬鐵路未能興築，使得滇緬間的交通依然維持著騾馬馱運的態勢，貿易始終沒有多大的發展。1910 年滇越鐵路通車後，滇緬間的陸路貿易路線的重要性因而下降。〔註103〕

參、十九至二十世紀前期的中緬海路貿易發展概況

中緬間的海路貿易發展甚早。十四世紀中葉，華人已在淡邈（今土瓦 Dawei）、八都馬（今馬達班 Mottama）等丹那沙林地區的海港城市貿易，甚至留居。〔註104〕十六世紀後期，也有福建與廣東的帆船在緬甸沿海貿易的紀錄。〔註105〕但直至十七世紀末，華人在緬甸的貿易範圍仍集中於丹那沙林地區。〔註106〕本節第一部分已提到，清緬戰爭後的滇緬閉關禁市時期，已有緬甸棉花經由海路銷往廣州，顯示在十八世紀後期，產於緬甸中部的棉花已經透過伊洛瓦底江，或是直接運至中國，或運至緬甸沿海港口後再運至中國。

雖然中緬海路貿易在十九世紀以前已經發展許久，但其相對於滇緬貿易，一直都不是中緬貿易的主要途徑。會有如此狀況是因爲緬甸沿海地區距離中國沿海，相對於其他東南亞國家都較爲遙遠。十八世紀起，清政府規定出洋帆船只許用雙桅、樑頭不得過一丈八尺，因此使中國的帆船僅能具有中大桅和二桅，無法在風力使用上有所發展。〔註107〕清政府亦限定華商定期回航的時間，使得自閩粵出航的中國帆船，多僅能在南中國海的範圍內活動。〔註108〕即使到了緬甸，也僅能在靠近南中國海的丹那沙林活動，且數量不多。此外，十九世紀以前下緬甸經濟的落後，以及當時緬甸貢榜王朝對自海而來的外商的猜忌，也是華商在這一時期中緬海路貿易不若滇緬貿易繁

〔註102〕雲南省立昆華民眾教育館編，《雲南邊地問題研究》冊 1，昆明：雲南省立昆華民眾教育館，1933。

〔註103〕夏光南，《中印緬道交通史》，上海：中華書局，1948，頁 107～108。

〔註104〕〔元〕汪大淵著：蘇繼廎校譯，《島夷志略》，北京：中華書局，2000，頁 130、133、135～136。

〔註105〕〔明〕朱孟鎮，《西南夷風土記》，臺北：廣文書局，1969，頁 10。

〔註106〕華僑志編纂委員會，《緬甸華僑志》，臺北：華僑志編纂委員會，1967，頁 98。

〔註107〕田汝康，〈十七世紀至十九世紀中葉中國帆船在東南亞洲航運和商業上的地位〉，收入龔纓晏主編，《20 世紀中國「海上絲綢之路」研究集萃》，杭州：浙江大學出版社，2011，頁 42。

〔註108〕陳國棟，〈清代前期（1644～1842）海洋貿易的形成〉，收入陳國棟，《東亞海域一千年》，臺北：遠流出版社，2013，頁 267～268。

榮的原因。直到十九世紀後期，這樣的情勢才有所轉變。

　　十九世紀，英國在第二次英緬戰爭得勝，自緬甸取得阿拉干與丹那沙林兩地。為了開發丹那沙林，英國政府著力招徠華人，繁榮當地商埠。〔註109〕第二次英緬戰爭後，英國取得下緬甸地區後，大力開發當地經濟與交通，並將仰光開發成下緬甸的政經與通商中心。廈門、香港、澳門、馬六甲、檳榔嶼、新加坡、舊港、三寶壟、吧城（即巴達維亞，今雅加達）、毛淡棉、土瓦、丹老等地中國帆船輻輳仰光，閩粵移民接踵而至，遂成為下緬甸華人聚居中心。中緬間的海路貿易，即透過來往於仰光與這些港口間的中國帆船，間接或直接地進行海路貿易，至十九世紀末輪船業興起，中國帆船才漸從中緬海路貿易中被淘汰。〔註110〕至二十世紀前期，海路已是中國與緬甸間貿易的主要途徑，但直到1930年代，中緬間的海路貿易始終不到緬甸對外貿易總額的百分之一。〔註111〕

小　結

　　雲南的經濟發展、緬甸政局發展，以及中緬貿易的發展，都是影響中國與緬甸間玉石貿易發展的因素。

　　雲南經濟發展方面，自十七世紀後期清政府對雲南的統治逐漸穩固後，以積極的態度鼓勵他省人口移入雲南，藉此開發雲南的農業與礦業，至十八世紀，雲南的經濟有所發展。1856年爆發的雲南回變，使雲南的人口、經濟、對外貿易都遭受嚴重打擊，1873年回變遭鎮壓後，騰越人為維持生計，開始「窮走夷方急走廠」，前往緬甸貿易與採礦，其中前往緬北山區挖掘玉石就成了騰越人前往緬甸討生活的方式之一。十九世紀末，英國與法國為了開通中南半島與雲南間的貿易往來，與清政府簽訂諸多條約，最終令清政府開放蒙自、思茅與騰越等通商口岸。通商口岸的開放，讓廉價質優的洋貨大量銷入雲南，直接地衝擊雲南的農村手工業，迫使破產的農民赴緬甸討生活，其中，前往緬北山區挖玉成為他們討生活的方式之一。

　　緬甸政局發展方面，十八世紀後期貢榜王朝建立後，積極重組阿赫莫旦

〔註109〕莊國土、劉文正，《東南亞華人社會的形成與發展：華商網絡、移民與一體化趨勢》，廈門：廈門大學出版社，2009，頁124。

〔註110〕華僑志編纂委員會，《緬甸華僑志》，頁99～103。

〔註111〕賀盛達，《緬甸史》，頁502。

組織，藉此開發緬甸中部平原的農業，也藉此掌握大量人口當作兵源，也因此使得當時的緬甸人被囚固於土地，無法轉化爲商人。至於華人，由於雲南對緬甸出產的棉花有強大了需求，而緬甸也對華人自雲南販運而來的絲與金屬礦有需求，因此貢榜王朝的君主對於華人所經營的中緬陸路貿易沒有限制，甚至是鼓勵的，這從貢榜朝廷中任用華人管理滇緬貿易而得知。自十九世紀起，英國逐步入侵緬甸。1826 年英國取得丹那沙林後，積極地吸引海峽殖民地的華人移居。1862 年英國正式取得下緬甸後，積極地開發伊洛瓦底江航運以及南北縱貫鐵路，使上緬甸間的貿易往來愈加頻繁。1890 年，英國基本掌控緬北克欽族居住區，並將鐵路延伸至密支那。英國在緬甸的勢力發展與交通建設，使中國與緬甸間的玉石貿易模式出現變化。

中緬貿易發展方面，在清緬戰爭爆發以前，清政府對滇緬間的貿易往來也秉持著開放的態度；清緬戰爭爆發後，清政府在滇緬邊境實施閉關禁市政策，嚴重打擊中緬陸路貿易的發展，但中緬貿易並未完全斷絕，兩地間的貿易持續以走私，以及改走海路的方式繼續進行。至 1790 年，隨著清緬封貢關係再度確立，滇緬間的貿易因而重新開放，至十九世紀，滇緬間的貿易進入空前的繁榮。1852 年發生的雲南回變，使滇緬貿易的進行變得危險，這促使華人改變貿易路線，逐漸循著伊洛瓦底江向南發展，1860 年代起英國在緬甸的交通建設，使華人能夠藉由便捷的交通在上下緬甸間發展。至 1890 年代，隨著中國與英國針對中緬貿易簽訂一系列的條約，使得中緬間的貿易，逐漸以海道進行爲主。中緬貿易這樣的發展態勢，也影響了中緬玉石貿易的發展。

中緬之間的海上貿易在十九世紀以前就已發展，但重要性不若滇緬貿易重要，主因是緬甸沿海地區距離中國遙遠、下緬甸經濟落後、貢榜政府排斥海外商人。十九世紀中葉，隨著英國在下緬甸的統治穩固，閩粵華人亦開始在以仰光爲中心的下緬甸發展，閩粵帆船亦在仰光、東南亞各埠、中國沿海間穿梭，直至輪船業完全取代帆船爲止。

第二章 進出生番嵐瘴之區：緬甸玉石交易地點的變遷及其原因

第一節 滇緬玉石交易地點的變遷

壹、中國方面對於緬甸玉石產地的描述

一、十七世紀中葉以前緬甸寶石開發概況

克欽（Kachin）地區的霧露（Uyu）河流域是緬甸主要玉石產區。緬甸的珠寶被開發得相當早，長期是滇緬貿易的重要商品。十三世紀初，蒙元帝國的統治範圍擴及到雲南之後的數百年間，中國朝廷不斷地投資雲南的交通建設，使得雲南的聯外交通有所改善，對外貿易也因此愈加發達。〔註1〕與此同時，緬甸的寶石也開始較受到中國各地區的人們的注意，這些寶石當中也可能包含了緬甸所產的玉石。依據英國人施各脫（Scott）和伯瑯氏（Brown）的說法，緬甸北部的玉石礦，實於十三世紀中葉由雲南的一個小商販首先發現；緬甸玉石被發現以後，中國人傳入開採的技術加以開採，所產的玉石大半通過滇緬商路運往雲南加工及銷售。〔註2〕這樣的說法，在許多的研究中經常被提及，然而證據力薄弱，不足爲憑，但可確定緬甸珠寶礦地開採在十三世紀已具規模。〔註3〕

〔註1〕 李中清，《中國西南邊疆的社會經濟：1250～1850》，北京：人民出版社，2012，頁71～93。

〔註2〕 夏光南，《中印緬道交通史》，上海：中華書局，1948，頁76。

〔註3〕 夏光南，《中印緬道交通史》，頁76～80。

　　十五世紀，滇緬貿易持續發展，珠寶、棉花是當時緬甸輸往雲南的主要
商品。當時的明帝國在雲南設置鎮守太監以採辦緬甸寶物，凡採辦先輸官府，
再與商賈貿易。〔註4〕由於明政府的參與，使得緬甸的寶石採集在十六至十七
世紀已經頗具規模，開採的範圍也自緬甸中部的猛密地區〔註5〕，擴大到了緬
甸北部的孟養、猛拱等地區。〔註6〕

二、清緬戰爭前中國方面對於緬甸玉石產地的描述

　　如前所述，十三世紀時中國各省就透過雲南而與緬甸有密切的貿易往
來，至十六世紀，滇緬間的寶石貿易逐漸發展起來，其中位於雲南極西的永
昌與騰越地區是緬甸珠寶與玉石運往雲南後的集散市場。十七世紀，在中國
的文獻中，開始有對於永昌及騰越地區市面上常出現的緬甸物產作敘述，其
中雲南地區的地方志是最早有緬甸玉石相關敘述的文獻。

　　雲南的地方志中對於緬甸玉石的稱呼不一，舉凡綠玉、菜玉、萃玉、翠
玉、碧玉、翡翠玉、墨玉、白玉等。會有這麼多種稱呼，主因是緬甸玉石的
色澤並非單一色調，而是多種色調，其中，綠色、紅色、白色、墨色、粉紫
是較為常見的緬甸玉石色調。十七世紀初劉文徵纂修的《滇志》對永昌府的
物產有如下記載：

> 永昌之產在通省獨多而奇，然有取之三宣六慰〔註7〕緬甸者，遠之
> 數千里，據《騰越志》謂：寶石、琥珀、象牙、水晶、綠玉、黑玉、
> 催生石、古喇錦、西洋布、哈芙蓉、阿魏、黑藥、孩茶，不產於騰。
> 〔註8〕

一樣在十七世紀初，由謝肇淛編纂的《滇略》在描述到永昌地區的物產時，
也提到「水精、綠玉、墨玉、碧瑱、古喇錦、西洋布、孩兒茶之屬，皆流商

〔註4〕夏光南，《中印緬道交通史》，頁77。

〔註5〕大約位置為現在的緬甸曼德勒省的抹谷（Mogoke）地區。

〔註6〕陸韌，《雲南對外交通史》，昆明：雲南大學出版社、雲南人民出版社，2011，
　　　　頁194。

〔註7〕三宣六慰指的是明政府在雲南徼外冊封的九個土司。三宣包括南甸宣撫司、干
　　　　崖宣撫司、隴川宣撫司，六慰包括車里宣慰司、緬甸軍民宣慰使司、木邦宣慰
　　　　司、八百大甸宣慰司、孟養宣慰司、老撾宣慰司。範圍遍及現在的緬甸、泰國、
　　　　寮國等國的部分區域。參考自〔明〕劉文徵，《滇志》卷33，〈搜遺志〉，收入
　　　　《續修四庫全書》冊681～682，上海：古籍出版社，北京大學圖書館藏清抄本，
　　　　1997，頁33～51。

〔註8〕〔明〕劉文徵，《滇志》卷3，〈地理志〉，頁16。

自猛密迤西數千里而至者，非滇產也」〔註9〕。從這兩則引文我們可以得到兩個資訊。其一，在這兩部明代的雲南地方志中，已經有玉石的相關記載，例如「綠玉」、「墨玉」、「黑玉」等。其二，這兩部地方志中也對於這些玉石來自於何處作了描述。

　　地方志中提到出現在雲南的玉石「不產於騰」、「非滇產也」，而是「取之三宣六慰緬甸者，遠之數千里」或「皆流商自猛密迤西數千里而至」。從這兩個資訊，我們大略可以瞭解到，起初地方志的編纂者或許以爲緬甸所產的玉石是由雲南所出產。如前所述，自十七世紀開始，中國就經常性地派遣太監到雲南採辦猛密的珠寶，中國官紳自然對猛密較爲瞭解，而對於猛密以西、千里之外的玉石產地則處於未知狀態。十七世紀初期，隨著滇緬間交通的改善，以及對滇西地理人文有較深度地瞭解，中國官紳漸漸知道這些從騰越、永昌地區而來的玉石並非雲南所產，而是產於猛密以西數千里以外的區域。

　　十七世紀末，雲南在經過清政府與南明永曆政權的戰爭（1658～1662），以及三藩事變（1673～1681）後，政局漸趨於穩定，社會經濟逐步恢復。雲南的地方官也大約在這之後纂修新的地方志。1691 年由丁煒所編纂的《雲南通志》對於永昌地區出現的緬甸產品有如下介紹：

　　象（象牙、象尾）、琥珀、水晶、菜玉、墨玉、催生石（做杯飲酒可治產難）、黑藥、乳香、沒藥、兒茶、哈芙蓉、冰片、神黃豆（稀痘）、青花豆（治瘡）、寶沙（俱出猛緬外國，非永昌所產，且如水晶、墨玉諸物，又皆極難得者。舊志相仍，姑存之，以載其名耳）。〔註10〕

另外一部於 1702 年由李文淵編纂的《永昌府志》除了記載永昌府當地常見的緬甸產品外，也對於這些產品的來歷做了一番敘述：

　　琥珀、水晶、菜玉、墨玉、催生石（作盃飲酒可治產難）、……寶石。以上諸物皆出於外地，有千餘里者，有數十里者。貫人裹糧行數十日，始至其處，搆之甚難，貨之亦甚貴。若寶石、琥珀、墨玉之類，則尤其貴且遠者，《一統志》竟指爲永昌所產，通志辨之而未詳。此

〔註9〕　〔明〕謝肇淛，《滇略》卷3，〈產略〉，收入《景印文淵閣四庫全書》冊494，臺北：臺灣商務印書館，國立故宮博物院藏本，1983，頁23。

〔註10〕　〔清〕丁煒，《雲南通志》卷12，〈物產〉，收入《北京圖書館古籍珍本叢刊》冊44，北京：書目文獻出版社，康熙30年刻本，1997，頁8～9。引文中括弧內文字是原作者所寫。

蓋因其由永而來，實未考其所自出。〔註11〕

這兩部十七世紀末至十八世紀初纂修的地方志所介紹的永昌地區出現的緬甸產品，較十七世紀初纂修的《滇志》及《滇略》來得多元。除此之外，這兩部方志也對永昌地區市面上出現的緬甸玉石的產地作了介紹。

在十七世紀末至十八世紀初纂修的這兩部地方志對於緬甸玉石也如前代，以「菜玉」、「墨玉」來稱呼緬甸玉石。對於緬甸玉石的產地，則記載為「猛緬外國」，或攏統地記載緬甸玉石「皆出於外地，有千餘里者，有數十里者」，並進一步表示「若寶石、琥珀、墨玉之類，則尤其貴且遠者」。對於緬甸玉石是如何出現在永昌的市面上，《永昌府志》則說明是「賈人裹糧行數十日，始至其處」。此外，《永昌府志》也提到《一統志》〔註12〕中將包括緬甸玉石在內的緬甸物產誤記為永昌地區所產，是前代纂修者考證不足所致。在 1736 年由靖道謨編纂的《雲南通志》即針對前代地方志誤記產地一事作過解釋，他認為「舊志載於永昌物產內，蓋因其由永而來，實未考其所自出」〔註13〕。會有這樣的記載，與滇緬玉石貿易的路徑有很大的關係。

如前所述，自元代起，滇緬貿易因為交通的改善而逐漸繁榮，而中國各地與緬甸的交流也日漸頻繁。滇緬貿易主要經由八莫與騰越之間的大盈江河谷進行，緬甸的產品多經由大盈江河谷進入雲南。緬甸的產品進入雲南後，會經由騰越、永昌、大理至雲南省城昆明後，再轉運到中國其他地方，因此以中國其他各省的角度來看，這些緬甸產品是「由永昌而來」，自然有可能會在沒有考證的情況下，以為這些商品是永昌地方所產。《一統志》會有這樣的記載，其來有自。緬甸玉石也因此才會有「永昌出碧玉」或「騰越出碧玉」〔註14〕的說法。

列舉十七至十八世紀中國地方志中對於緬甸玉石產地的敘述可以發現，雖然這些地方志皆有對緬甸玉石的產地作敘述。然而，這些地方志中對

〔註11〕 〔清〕李文淵，《永昌府志》卷10，〈物產〉，收入《上海圖書館藏稀見方志叢刊》冊226～227，北京：國家圖書館出版社，康熙41年刻本，2011，頁7～8。引文中括弧內文字是原作者所寫。

〔註12〕 康熙41年版的《永昌府志》中提及的《一統志》，指的是1461年纂成的《大明一統志》。

〔註13〕 〔清〕靖道謨，《雲南通志》卷27，〈物產〉，收入《文淵閣四庫全書》冊569～570，臺北：臺灣商務印書館，國立故宮博物院藏本，1983，頁10。

〔註14〕 〔清〕陳鼎，《滇黔紀遊》，合肥：黃山書社，康熙刻説鈴本，2009，頁22～23：「騰越……地出琥珀、碧玉珍寶」。

緬甸玉石產地的敘述大同小異,幾乎沒有太大的差別。地方志中描述的產
地,不外乎「猛密迤西數千里」、「猛緬外國」,或是更籠統地敘述緬甸玉石
「產自外地,其去永千餘里,或數千里不等」等,多是以相對位置,或是以
大範圍敘述的方式描述其產地。地方志會有這樣的記載,顯示出當時的華人
對於緬甸玉石的產地是不瞭解的,只知道這種玉石在永昌及騰越地方販售,
因此誤以爲這種玉石出自於永昌地方。此外,當時的地方志中會有這樣的記
載也與地方志的編纂者,也就是永昌及騰越當地的地方官和仕紳對於緬甸玉
石的看法有關係。

　　1785 年由宣世濤所纂修的《永昌府志》中即提到「寶石與玉皆產自外
地,其去永千餘里或數千里不等,且爲物不過供玩好,究無所用,亦安足貴
哉」﹝註15﹞。從這則引文可得知,纂修方志的官紳認爲寶石與玉石皆爲「玩
物」,因此對於這些緬甸來的珠寶玉石的來歷就不會深入探究。編纂者撰寫
到這一部分時,往往描述得言簡意賅,或是直接抄錄前代地方志的內容便宜
行事。至十七世紀後期,緬甸玉石產地在中國文獻才有較爲詳細的敘述。

貳、清緬朝貢關係建立後的緬甸玉石交易地點

　　在第一章已提到發生於 1765 至 1769 年的清緬戰爭對於滇緬貿易的影
響。在戰後清政府更禁止了滇緬貿易的進行。不過,戰爭期間清軍在緬甸的
軍事行動,使得清政府的官紳們對於行軍所經地區的地理人文更加地瞭解,
在他們留下的文字資料中,對緬甸玉石產地與交易地點的敘述也愈加詳細。
1790 年由騰越知州屠述濂所纂修的《騰越州志》對於緬甸的各種珠寶有如
下敘述:

> 今所名寶石、碧霞、印紅,大抵皆光珠之類,皆從騰越進,故州城
> 八保譌為百寶街,職此之故,而不知所產之處已爲蠻據,非復騰越
> 所有矣。……今商客之賈於騰越者,上則珠寶,次則棉花,寶以璞
> 來,棉以包載,騾馱馬運,充路塞隘。今省會解玉坊甚多,礱沙之
> 聲,晝夜不歇,皆自騰越至者。﹝註16﹞

在戰爭期間,由於作戰以及閉關禁市的需要,對於滇緬邊境周遭的環境有所

﹝註15﹞﹝清﹞宣世濤,《永昌府志》卷 23,〈物產〉,收入《復旦大學圖書館藏稀見方
　　　　志叢刊》冊 52,北京:國家圖書館出版社,乾隆 50 年刻本,2010,頁 1。
﹝註16﹞﹝清﹞屠述濂,《騰越州志》卷 3,〈山水〉,臺北:成文出版社,乾隆 55 年刊
　　　　本、光緒 23 年重刊本,1967,頁 26~29。

調查，因此在戰爭結束後，官紳們對在騰越出現的緬甸產品之產地，也較前代瞭解。在《騰越州志》中記載到「白玉」、「萃玉」、「墨玉」等玉石產於「蠻莫」。〔註17〕蠻莫在現代的名稱爲八莫（Bhamo），華人亦稱之爲「新街」。從現在緬甸玉石的礦脈分布來看，蠻莫並不產玉石，但在《騰越州志》中卻記載蠻莫產玉石，這樣的記載與滇緬貿易的交通路線分布及交易地點有關。從引文可以得知，玉石自產地經由滇緬貿易路線運至騰越州城，在州城中已有雲南寶石的集散市場「百寶街」，在雲南省城昆明也有許多的「解玉坊」，也就是玉石的切割加工廠。從引文中的線索大致可以勾勒出在十八世紀末緬甸與雲南間的玉石貿易路線是自緬甸玉石的產地出發，經過蠻莫轉運至中國境內的騰越，再經由騰越銷往昆明，並在此處加工。那麼，緬甸玉石的產地又在何處呢？在十八世紀末遊歷雲南各地的中國官紳檀萃所撰寫的《滇海虞衡志》對於緬甸玉石的產地，有相對於前代文獻較爲細緻地描述：

> 玉出於南金沙江，江昔爲騰越所屬，距州二千餘里，中多玉。夷人採之，搬出江岸各成堆，粗礦外護，大小如鶿卵石狀，不知其中有玉，并玉之美惡與否，估客隨意貿之，大理及滇省皆有作玉坊解之。
> 〔註18〕

檀萃所指的南金沙江，即緬甸的水運動脈伊洛瓦底江，在清代也被稱爲大金沙江，本章的一開始即提到緬甸玉石的產地位於親敦（Chindwin）江支流霧露河流域，親敦江也是伊洛瓦底江的最大支流，所以也屬於大金沙江的範疇。檀萃的這段敘述，顯示出當時的華人已經知道緬甸玉石產地的大致位置，並能具體的描述當時緬甸玉石的交易模式，是由當地的土著自江中採集上岸後，再由商販轉運至大理及昆明琢磨。

　　綜合《騰越州志》與《滇海虞衡志》中對緬甸玉石產地，以及交易模式的敘述，可描繪出緬甸玉石自產地至大理及昆明解玉坊的交易與運輸路線。在玉石產地，由當地土著採集南金沙江中的玉石，再由商販運輸至蠻莫、騰越、永昌等地交易後，再轉運到雲南的大都會大理與昆明的解玉坊琢磨。其中，蠻莫至騰越、永昌這段道路是華人前往緬甸貿易的主要路線。而在《騰越州志》與《滇海虞衡志》中都有「玉出蠻莫」〔註19〕的敘述，應該與十七

〔註17〕〔清〕屠述濂，《騰越州志》卷3，〈山水〉，頁29。
〔註18〕〔清〕檀萃，《滇海虞衡志》卷2，臺北：華文出版社，嘉慶4年刊本、1929年國學圖書館鉛印本，1969，頁9。
〔註19〕〔清〕檀萃，《滇海虞衡志》卷2，頁11：「白玉、翠玉、墨玉出蠻莫土司，

世紀初「騰衝出碧玉」以及「永昌出碧玉」這類的情況相似，即當時的華人已知玉石是從蠻莫採購而來，因此誤以爲緬甸玉石的產地在蠻莫，而這也顯示出，蠻莫在十八世紀末已是華人在緬甸地區的重要緬甸玉石交易市場所在地。

　　在《騰越州志》與《滇海虞衡志》之後編纂成的地方志，雖然也有對於緬甸玉石產地作敘述，但其敘述的內容，也多引用《滇海虞衡志》或是前代的地方志。直到 1870 年代之後，中文文獻對於緬甸玉石產地才更加詳細與準確地敘述。

　　1871 年，隨著清軍在雲南回變中逐漸取得主導權，並積極對雲南西部的回軍反攻之際，清軍軍官王芝自騰越定衝軍軍營出發前赴歐洲，途經舊緬京阿摩羅補羅，並拜訪清軍將領李珍國在當地所開設的「和順玉行」後，記下了這段對於緬甸玉石產地的敘述：

> 猛拱，產翠玉山也，與雪山相連，去蒲甘西北四千餘哩，瘴毒最惡，
> 中華人入其中，嘗十不一出，緬人稍習其瘴，顧不善識山口，惟拾
> 中華人棄餘。故翠玉山口之佳者，時值絕昂。山口佳者有三，曰馬
> 撒，曰霧路，曰難得攏。難得攏玉尤佳，質亦春花，翠而堅潔，有
> 白文一線如瑕，擦之不格手，與瑕特異耳；馬撒玉即天青地白是也；
> 霧路玉如明水，其翠蘊漾於中世，所謂藻玉也。〔註20〕

王芝的這一段敘述，應是從和順玉行的員工口中聽聞。從王芝的敘述可以得知當時在緬甸經營玉石生意的華人對於緬甸玉石產地有一定程度的瞭解。當時華人已知緬甸玉石產於猛拱附近的山區，而產玉的山口有三個，分別是「馬撒」、「霧路」與「難得攏」，其中霧路指的應是霧露河，而馬撒與難得攏，若依照民國初年尹德明在緬甸玉石廠的調查報告來比對，馬撒指的應該是霧露河沿岸的老山口媽薩，而難得攏指的應是同在霧露河沿岸的老山口蘔蒙〔註21〕。在王芝的這段敘述中也說道，由於玉石山口處「瘴癘最惡，中華人入其中，嘗十不一出」，可見當時已經有華人已不若《滇海虞衡志》中記

　　　琥珀之屬出猛拱土司，寶石、寶沙、碧霞璽之屬出猛密土司」；〔清〕屠述
　　　濂，《騰越州志》卷 3，〈山水〉，頁 29：「而附外夷物產，謂蠻莫所產曰白
　　　玉、萃玉、墨玉；猛拱所產琥珀之屬；猛密所產寶石、寶沙、碧霞璽之屬」。
〔註20〕〔清〕王芝，《海客日譚》卷 2，臺北：文海出版社，光緒 2 年石城刊本，1985，
　　　頁 12。
〔註21〕尹明德，《雲南北界勘察記》卷 1，臺北：華文書局，民國 22 年鉛印本，1969，
　　　頁 23。

載的由「夷人採之，搬出江岸各成堆」，再由「估客隨意貿之」，而是冒險進入緬甸玉石產地，而緬人則是「惟拾中華人棄餘」的玉石。至於爲何華人會從單純的赴緬甸購買玉石，到進一步深入瘴癘最毒之區，將在下一節討論。

在王芝之後，陸陸續續有中國的官紳經由緬甸赴西方遊歷，他們在緬甸的見聞，多少都有提及華人所經營的緬甸玉石貿易。1878 年，黃懋材自四川省城成都啓程，經由雲南、緬甸前往歐洲，爾後將旅途中的日記集結成〈西輶日記〉。在這一著作中，黃懋材有這樣的紀錄：

> 玉石諸寶產於猛拱、猛養西北一帶野人山內，而萃集於阿瓦都城，
> 然緬地無良工，漢商取璞石，擇其質之美者，至粵中雕琢，乃可成
> 器。近世海道便捷，故美玉之至滇南者寥寥無幾矣。〔註22〕

黃懋材的這一敘述，顯示在 1870 年代，緬甸玉石的主要交易地是當時的舊緬京阿瓦；而主要進口地區，也已自雲南西部轉移到了中國東南沿海，其中以廣東爲最主要的進口地。

至於爲何會有這樣的變化，除了「近世海道便捷」的原因外，當時緬甸通雲南的道路「爲野人盤踞，或煙瘴甚大，或地僻路險，野獸傷人」〔註23〕，面對愈來愈便捷的水路運輸，而陸路運輸又變得危險也是促成這一變化的原因。

至 1880 年代，緬甸的政局變化使得中國政府官員在緬甸的調查愈來愈頻繁。如前章所述，1885 年，英國以柚木案爲由向緬甸宣戰，並在隔年將整個緬甸併吞。英國併吞上緬甸的舉動，衍伸而來的就是中英間針對滇緬邊界進行一系列談判。邊界的談判使中國的官員開始頻繁地在上緬甸山區調查，勘查滇緬邊區的地理環境。

1892 年出使英法義比四國大臣薛福成開始與英國政府針對滇緬邊界的劃定進行談判。在談判期間，薛福成委派出使俄德差滿回國的姚文棟赴緬甸考察當地商情以及滇緬界務。姚文棟在經由緬甸到達雲南後，多次將在緬甸考察的內容發出電報予薛福成，而薛福成也在他的出使日記中記下了這些內容。此外，薛福成自己也在日記中記錄下自己所調查到的滇緬地區的情況，其中也包含了緬甸玉石產區的情況。

〔註22〕〔清〕黃懋材，〈西輶日記〉，收入〔清〕王錫祺編，《小方壺齋輿地叢鈔》帙 10 冊 54，臺北：廣文書局，光緒 17 年上海著易堂鉛印本，1962，頁 426～427。

〔註23〕〔清〕薛福成，《出使日記續刻》卷 6，臺北：華文書局，國立臺灣大學圖書館所藏清光緒 24 年刊本，1968，頁 24。

在日記中，薛福成提及英國治下的緬甸「出口以米爲大宗，楢木、火油、玉石、棉花、牛皮等次之」〔註24〕。在當時緬甸北部要埠八莫，「係滇商收買棉花、玉石、洋貨、洋鹽之地」〔註25〕。薛福成也提到，「從前中國白玉玩器多出和闐，自白彥虎阿古柏之亂新疆肅清後，和闐遂不產玉，內地近日所貨者皆緬甸玉也」，而對於緬甸玉石的產地，薛福成的記載如下：

> 產玉之山，去阿瓦尚十餘日程，由薄摩溯流而上至蒙江，由蒙江入山尚須數日程，其地林深箐密，爲生番出沒之區。嵐瘴甚盛，水土有毒，羣商所不敢到；買玉石者多在口外及蒙江左右候之，俟蠻人攜出，則羣集爭購。〔註26〕

在薛福成的這段記錄中，薄摩指的是八莫，而蒙江指的是猛拱。綜合薛福成的記錄，當時前往緬甸購買玉石的華商主要是雲南商人，而雲南商人購買玉石的地方，包括八莫、猛拱，以及產玉之山的山口。這記載若與王芝對於華人進入緬甸玉石廠區情況的記錄做比較，大略可知當時華人雖然已經深入猛拱，以及玉石產地，但可能還沒有開始參與採掘工作，而只是幫忙辨識山口有無良玉，再由當地土著進入山口挖掘，而華人多在玉石礦區的山口外及猛拱等待土著將玉石挖掘出來後，再向土著礦工購買玉石。

然而，在1905年出版，由寸開泰撰寫的《騰越鄉土志》則提到了「近二十年以內，玉石等廠，老山挖竭，開採新山出貨不多，又非佳品」〔註27〕。這段引文中指的「廠」通「場」，即是礦場之意。雖然《騰越鄉土志》中指出緬甸玉石廠無論是老山口還是新山口都日漸枯竭，但到了二十世紀，緬甸玉石廠區依然能不間斷地產出玉石。

參、二十世紀初的緬甸玉石交易地點

二十世紀，隨著英國逐漸掌控住緬甸北部土司地域的統治權，並在當地

〔註24〕〔清〕薛福成，《出使英法義比四國日記》卷4，臺北：文海出版社，光緒18年鉛印本，1985。

〔註25〕〔清〕薛福成，《出使英法義比四國日記》卷5。

〔註26〕〔清〕薛福成，《出使日記續刻》卷2，頁56～57；〔清〕闕名，〈緬藩新紀〉，收入〔清〕王錫祺編，《小方壺齋輿地叢鈔》帖10冊52，頁253。薛福成在其日記中記錄此段話的日期爲光緒17年10月4日，而王錫祺編的《小方壺齋輿地叢鈔》亦是光緒17年出版，故〈緬藩新紀〉應該是光緒17年以前的著作，而薛福成的這段紀錄，可能是讀過〈緬藩新紀〉後的筆記。

〔註27〕〔清〕寸開泰，《騰越鄉土志》卷8，〈商務〉，北京：國家圖書館出版社，傳抄清光緒本，2011，頁13。

大力建設交通，以及 1902 年騰越開埠的影響，前往緬甸北部玉石產地採購與挖掘玉石的華人愈來愈多。而這些華人在玉石產地的狀況，因為中國與英國對於江心坡地區歸屬的爭議，在 1930 年代開始受到中國官方的重視。

1928 年英國軍隊進入滇緬邊界的江心坡地區。國民政府內政部與外交部為了要瞭解江心坡地區的地理人文，以利與英國進行滇緬界務的談判，於1929 年委派尹明德前往緬甸北部地域進行調查。1931 年，尹明德率領的調查隊進入上緬甸地區，將當地的狀況考察後編入預備交予國民政府的〈滇緬北段界務調查報告〉〔註28〕。1933 年尹明德又將原始的調查日記加以編輯，出版了書籍《雲南北界勘察記》〔註 29〕。調查隊對上緬甸江心坡周邊地區做了全盤的調查，其中也包含對緬甸玉石產區的調查。調查隊對於玉石廠的調查，包括了各玉石廠口的分佈、各廠口開採玉石的方式、英國政府與當地土司對玉石的抽稅方式，以及華人在玉石產地的狀況等。

尹明德到達猛拱後，首先調查的是設在當地關帝廟的玉石岡稅所〔註30〕。岡稅所之所以設在猛拱，是因為猛拱是通往霧露河玉石廠唯一道路的起點，如前所述，在十九世紀時，猛拱就已經是華人購買玉石的重要地點。英國政府並不直接設官抽稅，而是將收稅的權力外包給包稅商。英國政府每三年公開標售收稅權，「數十年來，均為雲南騰衝〔註31〕鉅商承攬包收」〔註32〕。在調查隊造訪猛拱關帝廟時，標下收稅權的是騰衝商號「洪興公司」〔註33〕。抽收的稅種，主要有玉石稅以及琥珀稅，稅率「玉石抽百分之三十三，琥珀抽百分之五」，由於琥珀的出產量極少，所以稅岡的收入多依靠玉石稅。玉石商在納稅後，包稅商會在玉石外皮蓋上岡印並發給收據後，玉石商才能自由地買賣手上的玉貨；若玉石商未納稅，包稅商則有權將玉石沒收；若包稅商將玉石的價值估得太高，使玉石商無法接受，玉石商也可將玉石依照包稅商

〔註28〕 《外交部》檔案，〈滇緬北段界務調查報告〉，中央研究院近代史研究所檔案館藏，館藏號：11-29-11-09-043。

〔註29〕 尹明德，《雲南北界勘察記》卷 1，臺北：華文書局，1933 年鉛印本，1969。

〔註30〕 猛拱關帝廟的出現，顯示出華人住民很早就在猛拱發展。在十九世紀末，猛拱的雲南人已不下五千人。參考自〔清〕陳還，〈縷陳緬甸近年情形〉，收入〔清〕姚文棟編，《集思廣益編》卷 1，臺北：文海出版社，清光緒間刊本，1985，頁 3。

〔註31〕 1913 年後，騰越廳改制為騰衝縣。

〔註32〕 《外交部》檔案，〈滇緬北段界務調查報告〉，頁 33。

〔註33〕 洪興公司指的應是騰越洪盛祥商號，其總經理董珍廷曾駐在猛拱玉石岡稅所十多年。參考自董曉京，《騰衝商幫》，昆明：雲南人民出版社，2013，頁 69。

估的價格賣給包稅商。〔註34〕從這可以看出，包稅商爭相搶標包稅權，並不只是爲了賺取承抽玉石稅的利潤，而是爲了在第一時間收購可以獲利的玉石，進而達到壟斷貨源的效果。

　　玉石產地的分佈方面，尹明德描述玉石產地位於「戶拱之南、猛拱之西霧露河上游沿岸，產玉區域縱橫均百餘里」，在英國佔領克欽山區後，幹昔、賴賽土司分管玉石產區。這些廠口依照收稅方式、開採方式以及出玉品質的不同，可分爲「新廠」與「老廠」（也稱作「老山」與「新山」）。〔註35〕

　　玉石開採方面，調查隊首先對於玉石廠發現、開採於何時十分地有興趣，但「詢之當地人民，亦未知悉」〔註36〕。在玉石廠中挖玉的人群，華人、緬人、克欽人、撣人皆有。其中「百分之六十爲華人，百分之四十爲緬人及野人」〔註37〕。這樣的比例，讓身爲騰衝人的尹明德走在帕甘玉石廠時，「幾忘其身居蠻烟瘴雨之異鄉」，在帕甘的市集上，尹明德遇到的十個人有八個是騰衝人或保山人，市集上所賣的也都是這兩地的產品。〔註38〕從尹明德的這一感想，令我們可以想像在當時在霧露河沿岸挖掘玉石的華人人數之多。

　　從尹明德的觀察可知，在玉石廠的華人大多是騰衝或保山人士，他們在玉石廠區若挖崛到玉石，猶如得到意外之財，突然變成暴發戶。然而，挖獲玉石者能夠持盈保泰，衣錦還鄉的是非常的少數，大部分的人多會沉溺於各個廠口無處不有的鴉片煙館與賭博攤。尹明德認爲，英國在全緬甸對於禁毒與禁賭都十分嚴屬，但在玉石產地卻幾乎不禁止，這是「英人之奸計也」，在

〔註34〕董曉京，《騰衝商幫》，頁68。

〔註35〕《外交部》檔案，〈滇緬北段界務調查報告〉，頁31；尹明德，《雲南北界勘察記》卷1，頁23。

〔註36〕雖然調查隊在當地對於此問題得不到解答，但尹明德在猛拱關帝廟見到李根源（字印泉，又字養溪、雪生，號曲石，雲南騰衝人。近代名士，國民黨元老，中華民國政治家、軍事將領。曾任眾議院議員、航空署督辦、陝西省長、農商總長、善後會議員兼代國務總理、雲南貴州監察區監察使等職。參考自周光倬著；周潤康整理，《1934～1935中緬邊界調查日記》，南京：鳳凰出版社，2015，頁1。）撰寫，廟方訂購，剛從上海送達猛拱的碑（見附錄）。碑文內容雖然指出在乾隆時期，猛拱玉石廠就有漢人的足跡，但由於此石碑完成於當代（1930），尹明德可能因此選擇不將此內容寫入調查報告。而尹明德在調查報告中則敘述「玉石廠發現於何時，開採於何代，我國史書罕有紀載」。參考自《外交部》檔案，〈滇緬北段界務調查報告〉，頁31。

〔註37〕《外交部》檔案，〈滇緬北段界務調查報告〉，頁43。

〔註38〕尹明德，《雲南北界勘察記》卷1，頁23。

玉石產區，「賭捐，年包盧比七千元，烟館雖不收捐，但昂貴異常」〔註39〕。由此可見在二十世紀初期，華人所留下的文字資料對於緬甸玉石產地已有十分詳細的紀錄。

以上將十七世紀至二十世紀初期關於緬甸玉石的中文資料集合，並加以排序比對可發現，每一個時期中文文獻中對於緬甸玉石出自於何地的記載是有其演變的過程。在早期，由於玉石自永昌地區販運至雲南省城昆明，因而有永昌出碧玉的說法，至十七世紀後期，華人已經知道緬甸玉石不產於永昌地區，而產於雲南西徼外的猛緬諸國；十八世紀至十九世紀前期的中文資料則敘述緬甸玉石產於蠻莫；十九世紀後期，中文資料則敘述緬甸出產玉石之山位於猛拱；到了二十世紀初期，中文資料記載華人已大量的進入霧露河流域的玉石廠參與挖掘玉石的工作。

可以發現，在華人大量進入玉石廠挖掘玉石以前，中文文獻對於緬甸玉石產地的描述與緬甸玉石真正的產地有很大的差距。但可以發現，早期中文文獻所描述的這些緬甸玉石產地，諸如永昌、騰越、蠻莫、阿瓦、猛拱，雖然都不是緬甸玉石產地，但都是上緬甸水陸交通路線上重要的貿易城邑，因此應可以將這些地點理解為華人的緬甸玉石交易地點。歷代對於緬甸玉石產地的描述的演變，也可將其視為華人在緬北玉石交易地點的變遷。交易地點之所以會變遷，與華人在緬北山區發展的歷程有關。

第二節　滇緬玉石交易地點變遷的原因

將十七至二十世紀的中文資料中關於緬甸玉石產地的描述加以比對，可發現十九世紀中葉以前的華人所認知的緬甸的玉石產地，並非我們現在所認知的克欽山區霧露河流域，而是伊洛瓦底江及其支流上游地區的水陸交通要點，因此可以將這些中文資料中描述的產地，視為上緬甸的玉石交易地點。若將這些地點標註在上緬甸的地圖並輔以時序分析，可以發現越接近近代，上緬甸的玉石交易地點就越接近真正的緬甸玉石產地，至二十世紀時，華人已在霧露河流域挖掘玉石，並在帕甘、猛拱、蠻莫、騰越等地交易玉石。這樣的演變過程，與華人在上緬甸的發展過程有關。

〔註39〕《外交部》檔案，〈滇緬北段界務調查報告〉，頁43。

壹、十九世紀中葉前上緬甸玉石交易地點變遷的原因

在第一章中已經提到，自十三世紀起，由於歷代中國政府對雲貴高原區的交通建設，使得中國人經過雲南前往緬甸從事貿易有所發展，其中，位於雲南極西的騰越與永昌，是華人所經營的滇緬貿易中的重要交易地點。華人自緬甸購買而來的商品，包括玉石、紅寶石、棉花等緬甸物產，先運至騰越後，再轉運至中國各地，因此，早期的中文資料有騰越出碧玉的記載。十七世紀後期，中文資料才描述了這種出現於騰越與永昌的玉石實則產於緬甸，但對於其產地描述得十分地籠統。直到十八世紀，始有玉石出自八莫的說法。這樣的說法，與華人所經營的滇緬貿易路線有關。

華人自騰越前往緬甸貿易，首先要跨越的是阻隔於兩地之間的山區，這片山區在二十世紀中葉以前被稱爲「野人山」。這一區域的氣候與緬甸相似，一年之中分爲三季，即熱季、雨季與涼季。野人山地處北緯二十四點五度以下，溫度常年在攝氏十六度以上，適合瘧蚊的生長，再加上野人山地形向西南敞開，野人山較低窪的河谷地在熱季與雨季的氣候較濕熱，十分適合虐蚊的孳生。〔註 40〕野人山在濕熱環境與瘧蚊的交互作用下，瘴癘盛行，爲了保命，華人在熱、雨季之時，多不前往緬甸貿易，因此在每年的四月之後，騰越與八莫之間的各條商陸航旅絕跡。直到每年九月雨季接濟尾聲時，華人馱商才會沿著大盈江河谷前往緬甸貿易。

華人馱隊在進入緬甸後到達的第一個交易中心，是位於伊洛瓦底江與太平江（大盈江的下游）交匯處的八莫；在英國勢力進入緬甸以前，中文資料稱這裡爲蠻莫，或是新街。在十五世紀時，蠻莫就已經是雲南與緬甸間的「水陸會通之地」，在騰越與永昌地區出現的「夷方器物」，多由蠻莫運至。〔註 41〕十七世紀後期，朱孟鎮更形容八莫是雲南與緬甸間的「水陸交會要區，諸夷襟喉重地」。〔註 42〕在十八世紀的中國官方資料中也提到每年涼季時緬人會將緬甸的土產，諸如鹽、鹹魚、棉花、象牙等物產，運至新街江岸與華人交易，而緬人再向華人收購他們自中國馱運而來的銅、鐵、鑼、鍋、紬、緞、氈、布、瓷器、煙、茶等貨物，而黃絲、鍼綾等商品是緬人最需要的商品。〔註 43〕

〔註 40〕 張印堂，《滇西經濟地理》，昆明：國立雲南大學西南文化研究室，1943，頁 140。
〔註 41〕 黃彰健校勘，《明孝宗實錄》卷 153，臺北：中央研究院歷史語言研究所，國立北平圖書館紅格鈔本之微縮影本，1964，頁 14。
〔註 42〕 〔明〕朱孟鎮，《西南夷風土記》，臺北：廣文書局，1969，頁 13。
〔註 43〕 《清世宗實錄》卷 808，頁 18～20。

而華人也會順著伊洛瓦底江南下，前往阿瓦貿易。

除了伊洛瓦底江流域與緬甸沿海的物產，華人在蠻莫所採購的也包括緬北克欽山區的物產。克欽山區的克欽族或撣族會將各土司地的土產運至蠻莫與華人交易，其中也包含了琥珀、玉石等猛拱周邊出產的寶石。〔註44〕不過，在十九世紀中葉以前，華商不會進入克欽山區與當地土著交易，最主要的原因是當時華人還無法克服伊洛瓦底江上游山區自然環境的威脅，以及對當地克欽族的恐懼。

長久以來華人都將克欽山區視為「蠻烟瘴雨之異鄉」〔註45〕，認為當地「林深箐密，生番出沒，嵐瘴盛甚，水土有毒」〔註46〕，在十九世紀以前，華人若想要購買霧露河流域出產的玉石只會到蠻莫購買，或是委託「野人」或「擺夷」前往克欽山區採辦玉石。〔註47〕對於克欽族的恐懼與華人對「野人山」上的克欽族印象有關。

清緬戰爭期間，居住於伊洛瓦底江上游的克欽族開始大量地往野人山區遷徙。由於克欽族的耕種方式粗放，以刀耕火種為主，在他們遷入野人山後，這樣的耕種方式無法滿足生計，因此經常下山以搶劫為業。〔註48〕其中來往於滇緬之間的商隊，是他們劫掠的對象之一。十九世紀時的中文資料形容他們「性貪狡，不事生產，專以殺劫為事，輒擋路結茅，隨在嘯聚，魚肉行旅，視為泛常」〔註49〕。顯然地，中文資料對於克欽族有這樣的形容，應是騰越當地漢人對他們的長久印象，對於野人山上的克欽族的印象如此兇殘，對伊洛瓦底江上游的克欽族自然也有所畏懼，未敢冒著生命危險進入克欽山區。

〔註44〕〔明〕朱孟鎮，《西南夷風土記》，頁12：〔清〕王昶，〈征緬紀略〉，收入〔清〕王錫祺編，《小方壺齋輿地叢鈔》帙10冊52，頁233。

〔註45〕尹明德，《雲南北界勘察記》卷1，頁23。

〔註46〕〔清〕闕名，〈緬藩新紀〉，收入〔清〕王錫祺編，《小方壺齋輿地叢鈔》帙10冊52，頁253。

〔註47〕〔清〕李侍堯，〈雲貴總督李侍堯奏陳緬甸邊務事〉，收入國立故宮博物院編，《宮中檔乾隆朝奏摺》輯38，臺北：國立故宮博物院，1988，頁308～311：「緬地物產，棉花最多，次則碧霞璽、翡翠玉。其仰給於內地者，不過綢緞貢絲鐵針之類。近年以來，彼處玉石等物，雲南、廣東二省售賣頗多，皆由內地每差土人擺夷出關探偵，盤查兵役因見官差要務，於隨身行李搜檢未嚴，夾帶私走勢所不免」。

〔註48〕楊煜達，《乾隆朝中緬衝突與西南邊疆》，北京：社會科學文獻出版社，2014，頁147。

〔註49〕〔清〕陳還，〈縷陳緬甸近年情形〉，收入〔清〕姚文棟編，《集思廣益編》卷1，頁6。

　　自十八世紀末起中文資料中開始有「白玉、翠玉、墨玉出蠻莫土司」
〔註 50〕的記載，實際上蠻莫並不是玉石的產地，而是華人向克欽山區的土
著購買玉石的地點。到了十九世紀，華人赴緬交易玉石的地點，才開始轉移
至克欽山區的猛拱。

　　在十九世紀的中文資料，開始有玉石產於猛拱的說法。〔註 51〕雖然猛拱
土司所管轄的區域包括了霧露河產玉區，但猛拱這個地點距離霧露河產玉區
還是有些距離，而且從王芝《海客日譚》所描述猛拱產玉之山可以得知，到
了 1870 年代，華人對於霧露河產玉區的瘴毒還不能克服，因此可以推估，在
十九世紀時，華人已經能深入猛拱購買玉石，但還未敢進入霧露河流域。

　　十八世紀時，華人因為恐懼瘴癘與克欽族而未敢涉險進入克欽山區，但
到了十九世紀，卻已深入至猛拱與當地人交易玉石。會有這樣的變化，應與
清緬戰爭期間，清軍在克欽山區的軍事行動有關。1931 年尹明德調查隊到達
猛拱關帝廟時，見到了剛雕刻完成，自上海運到的石碑的內容，其內容提到
了清緬戰爭與華人入猛拱的事迹：

> 清乾隆三十四年，大學士傅恆以經略征緬甸，猛拱土司渾覺貢珍異，
> 負弩矢前驅，傅公奏請頒給渾覺宣撫司印綬，渾覺既力戰著勳績，
> 事班班載史乘。野人山產寶玉，至珍異，猛拱為玉石廠總匯，采運
> 玉石者，在康雍朝，尚未敢歷險涉廠地。迨乾隆初元，玉石廠始有
> 漢人足跡，故我騰越之人，采山而求瓌寶者，數百年來，咸居於猛
> 拱焉。〔註 52〕

猛拱關帝廟裡的這個石碑內容提及了傅恆征緬，以及乾隆初元漢人始入猛拱
二事。若將傅恆征緬之事，與中文資料對於猛拱產玉的記載做比較，可發現
這兩件事有其關聯性。

　　自 1765 年起，中國與緬甸在滇緬邊境發生了一系列的軍事衝突，清軍
在這一系列的軍事行動中屢屢失利。至 1769 年，被清政府任命為經略的傅
恆親自率領軍隊，出滇邊的萬仞關後，至戛鳩（位於密支那附近）渡過伊洛瓦底

〔註 50〕〔清〕檀萃，《滇海虞衡志》卷 2，頁 9。

〔註 51〕彭崧毓於 1847 年擔任騰越廳同知，在其一年的任內曾經詢問騰越當地的土著
　　　　關於緬甸的事物，並將口述的內容記錄下來，撰成《緬述》。在《緬述》中，
　　　　首先出現玉石產於猛拱的文字敘述。參考自〔清〕彭崧毓，《緬述》，收入《百
　　　　部叢書集成問影樓輿地叢書》，臺北：藝文印書館，清光緒胡思敬校刊本，1967。

〔註 52〕尹明德，《雲南北界勘察記》卷 1，頁 20～21。

江上游江段，往西南方進軍猛拱、猛養，企圖經過兩地直取緬甸貢榜王朝的發源地木疏（Moksobo）。九月底，傅恆部隊挺進至猛拱，猛拱土司渾覺率頭目進獻象牙、牛隻、瓜茱等物，又獻馴象四隻，傅恆令其趕辦糧食，並鑄給猛拱宣撫使司印信。〔註53〕

傅恆在緬甸的軍事行動，最終在老官屯（今八莫附近的恭屯 Kaungton）〔註54〕與緬甸貢榜政府簽訂停戰協定而撤兵。傅恆在克欽山區的軍事行動，一方面使清政府的影響力擴及到猛拱、猛養等土司地域，另一方面也替華人探明了前往猛拱的途程，因此在十九世紀初期的中文資料中，開始出現猛拱產玉石的記載。在1790年中國與緬甸的封貢關係再度建立，中國重新開放滇緬邊境的邊關互市後，華人除了經營原來熟悉的太平江與伊洛瓦底江沿線的滇緬貿易路線，也開始深入至猛拱，經營蠻莫至猛拱的玉石貿易路線。至十九世紀初期，霧露河所出產的玉石，多是由華商自猛拱購買，循著猛拱河以及伊洛瓦底江運至蠻莫後，再轉運至騰越。這樣的貿易途徑到了十九世紀後期出現了變化。

貳、十九世紀後期上緬甸玉石交易地點變遷的原因

十九世紀中葉起，中緬間的玉石貿易出現了三個重要變化。第一，華人的玉石交易地點開始南移至緬京地區〔註55〕；第二，透過水路運至中國東南沿海的緬甸玉石，無論是質還是量，都漸漸超越透過陸路運往騰越的玉石的質與量；第三，華人開始涉險進入霧露河產玉區交易玉石，甚至是參與挖掘玉石。這些變化的產生，與雲南回變、英國在緬甸的勢力發展，以及中英雙方針對中緬間界務、商務的一系列條約簽訂有關。

緬甸玉石交易地點向南往緬京地區移動，與在1854至1873年期間發生於雲南的回變有關。在第一章已經提到，1860年起，雲南回變的範圍擴及永昌及騰越兩地，在回軍攻下這兩座城邑後，忠於清政府的地方仕紳在附近區域召集難民組織團練，長期與回軍有軍事衝突，直至1873年回變被清政府鎮

〔註53〕《清高宗實錄》卷843，頁11。

〔註54〕陳佳榮、謝方、陸峻嶺編，《古代南海地名匯釋》，北京：中華書局，1986，頁314。

〔註55〕由於貢榜時期的緬甸經常性的遷都，其遷都範圍大略都在伊洛瓦底江中游平原，且多是在阿瓦、阿摩羅補羅、瑞波等城邑之間遷移，因此筆者將這些城邑統稱為「緬京地區」。

壓爲止。這些忠於清政府的漢人團練，時常攻擊往來於滇緬之間的回族商隊，而居住於滇緬之間的「野人」與「擺夷」部落，也經常加入打劫來往商隊的行列，這就使得滇緬之間的玉石陸路貿易變得不安全。〔註56〕此外，由於回變的範圍遍及雲南各地，玉石就算是順利的運至騰越與永昌，還是無法載運至中國各地，因此在緬甸的華商開始將玉石的貿易地點，向南轉移至緬京地區。

　　在雲南回變爆發之前後，就有華人在緬京阿摩羅補羅經營玉石生意的記錄。英國人亨利・郁魯（Yule Henry）在第二次英緬戰爭結束後的1855年，前往上緬甸地區考察，而在緬京地區經營商業的華人，也是他考察的對象之一。在他的著作中記錄了1850年代華人在緬甸的商業模式，其中也包含了華人所經營的玉石貿易：

> 在上緬甸的猛拱，有一種綠色、半透明、非常堅硬的石頭，被撣族與克欽族人挖掘。這些石頭的購買者主要是中國人，他們將這些石頭運到自己的國家，製作成杯子和手鐲。這項交易主要是由阿摩羅補羅中有聲望的中國人所掌控。〔註57〕

可見在雲南回變發生之前，華人至猛拱向撣族與克欽族購買玉石，運至緬京地區貿易的模式，已經發展了許久。在雲南回變發生後，滇緬間的貿易路線受到影響，這就使得華商開始轉移至緬京地區交易玉石。

〔註56〕〔清〕岑毓英，《岑襄勤公奏稿》卷3，臺北：成文出版社，光緒23年刻本，1969，頁6～7。

〔註57〕Yule Henry, *A Narrative of the Mission Sent by the Governor-general of India to the Court of Ava in 1855, with Notices of the Country, Government, and People*（London: Smith Elder and Co, 1858），p.146.
原文：「In the district of Mogoung in Upper Burma, a green, translucent, and very hard stone （called by Crawfurd and Pemberton "noble serpentine"）, is dug by the Shans and Kakhyens, and largely purchased by the Chinese for exportation to their own country, where it fetches an extravagant price （probably on account of some supposed talismanic or detective virtues）, and is manufactured into cups, bracelets, &c. The value of this trade is represented by respectable Chinese at Amarapoora to reach from six to ten lakhs of tikals per annum.」

圖 2-1　1850 年代的阿摩羅補羅與阿瓦

圖片來源：Yule Henry, *A Narrative of the Mission Sent by the Governor-general of India to the Court of Ava in 1855, with Notices of the Country, Government, and People*（London: Smith Elder and Co, 1858）.

　　而郁魯所指有聲望的中國人，最有名的例子是在 1875 年馬嘉禮事件中扮演重要角色的龍陵參將李珍國。〔註58〕李珍國的母親是緬甸人，緬甸國王明頓在 1853 年奪取王位之時，頗受到李珍國的力挺，李珍國因此與明頓關係密切。明頓在位期間，時常以棉花、玉石等緬甸商品餽贈予李珍國，而李珍國也運用他在緬甸的關係，在舊緬京阿摩羅補羅開設「和順玉行」，由其兄長經營玉石生意，以資助李珍國在騰越廳茂福的團練與回軍進行長期的軍事活動。〔註59〕直到回變遭到清政府鎮壓後的 1870 年代，緬京地區依然是玉石萃集之地。

　　緬京地區之所以會成為華人的另一個玉石交易地點，也與英國在緬甸的勢力擴張及交通建設有很大的關係。1826 年起，英國的商業勢力開始進入緬甸沿海地區。1852 年英國直接地佔領卑謬以南的伊洛瓦底江地區後，於 1862 年與緬甸簽訂《1862 年英緬條約》。英國透過這一條約，除了迫使緬甸正式割讓伊洛瓦底江下游地區外，還取得了伊洛瓦底江至緬京曼德勒的航行權。在這之後，英國就積極地開發伊洛瓦底江航運以及下緬甸的鐵路建設。1867 年英國再度與緬甸簽訂《1867 年英緬條約》，透過此條約英國取得緬京曼德勒至八莫的伊洛瓦底江航行權，緬甸並允許英國在八莫設立領事。〔註60〕就如第一章第二節所述，自此之後，英印政府所支持的「伊洛瓦底江輪船公司」壟斷了伊洛瓦底江的航運業務。〔註61〕1878 年遊歷緬甸的黃懋材才會感慨道「近世海道便捷，故美玉之至滇南者寥寥無幾矣」〔註62〕，此時，無論是猛拱、八莫還是緬京地區的華人玉石交易地點，質感較好的玉石大多會以海運的方

〔註58〕李珍國，字聘三，騰越人。1856 年至 1873 年雲南回變期間，李珍國在騰越茂福地區集結難民數千組成團練與回軍對抗。由於李珍國的母親是緬甸人，因此當時的緬王明頓時常「助珍國巨餉，軍用得不乏」。回變結束後的 1874 年，「論功以副將儘先補用，賞給『匡勇巴圖魯』名號，實授龍陵參將，充冊封緬甸王使」。1875 年，因為李珍國所率領的團練疑似是馬嘉禮被戕事件的參與者，李珍國因而被革職。後朱洪章鎮騰越時，署李珍國為中軍遊擊。參考自周鍾嶽，《新纂雲南通志》卷 230，〈武功傳〉，南京：鳳凰出版社，1949 年鉛印本，2009，頁 26〜27；黃嘉謨，《滇西回民政權的聯英外交》，臺北：中央研究院近代史研究所，1976，頁 17。

〔註59〕〔清〕王芝，《海客日譚》卷 2，頁 1〜2、9。

〔註60〕黃嘉謨，《滇西回民政權的聯英外交》，頁 64、88。

〔註61〕賀聖達，《緬甸史》，北京：人民出版社，1992，頁 246、255〜256。

〔註62〕〔清〕黃懋材，〈西輶日記〉，收入〔清〕王錫祺編，《小方壺齋輿地叢鈔》帙 10 冊 54，頁 426〜427。

式直接運至廣東，而運至騰越的玉石，則是屬於次級品。此外，下一章將透過中國海關的統計資料的比對來說明二十世紀後，透過海路運往廣東的玉石，倍於透過陸路運往騰越的數量，會有這樣的變化，除了因為十九世紀中葉後的海道便捷，也與雲南回變後滇緬貿易路線變得危險有關。

至於華人開始涉險深入霧露河流域採購甚至是參與挖掘玉石的問題。透過第一節史料的比對大略可以得知，這個現象的出現與雲南回變的發生有很大的關係。在回變期間，雲南戰火遍佈，無論是漢人還是回民，都害怕軍隊的屠殺，以及戰亂所造成的饑饉，為了逃避這些災難，他們會開始逃離家鄉。回變遭鎮壓之後，騰越地區的人民陸續回到自己的土地耕種，但更多的人民回到騰越後，面對的是荒蕪的土地，或是田產已經被奪走。他們為了維持生計，前往霧露河流域挖掘玉石成為他們前往緬甸討生活的選擇之一。〔註63〕

在第一節中的分析可知，1871年王芝在拜訪和順玉行時，已從玉行處得知華人已經冒著瘴毒的威脅挺進霧露河玉石廠，但還未知華人有無參與玉石的挖掘。1891年薛福成在閱讀過相關書籍後，得知華人已經進入「產玉之山」，也就是在霧露河產玉區向克欽族購買他們所挖掘出的玉石，但由於華人認為玉石礦廠瘴癘濃厚，水土有毒，因此還未加入挖掘。1931年，尹明德率領調查隊進入霧露河產玉區後，始有當地的第一手記錄。而騰衝人尹家令在1940年前後所撰寫的〈橘庵漫稿〉則描述了華人在英國勢力還尚未進入霧露河玉石廠時，只敢在龍塘三卡廠活動，直到英國勢力於1890年代深入克欽山區後，霧露河流域的各個玉石廠口才出現華人的蹤跡。〔註64〕

綜合以上的描述大略可知在1871年以前華人已開始涉險進入霧露河流域活動，但還未敢進入各個玉石礦廠中挖掘玉石。在1871年之後，華人漸能進入最接近猛拱的龍塘三卡廠參與玉石的挖掘。大約在1890年英國基本控制克欽山區後，華人已能在霧露河流域的各個玉石廠口普遍地參與玉石的挖掘工作。到二十世紀初期，在玉石廠挖掘玉石的礦工已有六成是華人。〔註65〕

從上述各個時間點來看，王芝1871年從和順玉行處聽聞霧露河產玉區的

〔註63〕 王樹槐，《咸同雲南回民事變》，臺北：中央研究院近代史研究所，1980，頁330～337。

〔註64〕 尹家令，〈橘庵漫稿〉，收入李根源等纂，《永昌府文徵》紀載卷28，臺北：傅斯年圖書館古籍線裝書，1941～1942年李根源排印本。

〔註65〕 《外交部》檔案，〈滇緬北段界務調查報告〉，頁43。

狀況，表示在 1871 年以前，華人進入霧露河產玉區已經有很長的一段歷史，而在雲南回變發生之前的中文資料對於緬甸玉石產地，描述得十分籠統，因此大略可以推估，華人開始涉險進入霧露河產玉區，與雲南回變有很大的關係。而華人進入霧露河產玉區之初，主要還是向當地的克欽族與撣族購買由他們挖掘出來的玉石，過了一段時間後，華人才漸漸地參與玉石的挖掘工作。起初，華人還只敢於較靠近猛拱的龍塘三卡礦廠作業。

　　直到 1890 年代，英國軍隊深入克欽山區，當地的賴賽山官與幹昔山官接受英國軍隊的招撫，率眾歸附英國，英國保留了兩土司對於當地的統治權與世襲地位。〔註 66〕由於英國勢力的到來，使得克欽山區的治安較緬甸王國時期有所改善，華人因而敢於挑戰嵐瘴與對克欽族的恐懼，進入霧露河流去挖掘玉石。至 1930 年代，在霧露河產玉區也形成帕甘這一個玉石交易地點，之所以會是帕甘，是因為帕甘位於霧露河產玉區各廠的中心位置。由於帕甘的這一地理特性，使得帕甘漸形成小市集。在 1930 年代，帕甘除了是交易玉石的地點，其市集也是販賣騰越、永昌地區的各種食品、土產的地方，為的是要滿足在霧露河流域作業的滇西人士。〔註 67〕

　　從以上的推論可以得知，華人進入玉石廠的過程，是一個克服自然環境與族群關係的過程。起初，華人因為對克欽山區瘴癘的威脅，以及對克欽族的恐懼而不敢深入其中，只有在新街向克欽族與撣族購買他們挖掘而出的玉石轉輸回騰越。爾後，十八世紀末傅恆部隊在克欽山區的軍事活動，使華人開始敢於涉險，深入至猛拱與當地克欽族與撣族交易玉石。至十九世紀中葉，受到雲南回變的影響，華人開始大量地進入緬甸討生活，在 1871 年王芝的描述可知，華人已在霧露河產玉區活動許久，但還未敢深入礦廠參與挖掘，直到 1890 年代英國征服伊洛瓦底江前夕，華人開始在霧露河流域的龍塘三亞礦廠參與挖掘。而在 1870 年代，由於英國在緬甸的伊洛瓦底江航運投資以及鐵路建設，也使得處於水路交通通衢的緬京地區成為新的玉石交易地點。在英國征服克欽山區後，由於治安的改善，使得華人更敢於進入霧露河產玉區參與挖掘工作，至 1930 年，霧露河流域各礦廠中的礦工，已經有六成是華人。

〔註 66〕尹明德，《雲南北界勘察記》卷 1，頁 23。
〔註 67〕尹明德，《雲南北界勘察記》卷 1，頁 23。

第三節　十九至二十世紀中緬玉石貿易水路交易地點概況

　　十八世紀末，即清緬戰爭結束後的滇緬閉關禁市期間，雲貴總督李侍堯曾向朝廷報告緬甸所產的玉石在雲南與廣東銷售頗多，並言在他任兩廣總督時曾在廣州見聞「洋腳船」自緬甸運來的棉花。〔註68〕由此可見，十八世紀末在廣州出現的緬甸玉石，有可能是經由海路運至。

　　如第一章第一節所述，1856 至 1873 年雲南發生回變，使得滇緬間的陸路交通搶劫頻繁，滇緬貿易因此顯得危險。華人於緬甸的玉石交易地點亦隨之向南往緬京地帶移動。本章第二節的論述亦提及，1871 年王芝在阿摩羅補羅時，曾拜訪清軍將領李珍國在當地開設的「和順玉行」；〔註69〕1878 年黃懋材在考察緬甸時，也曾言自猛拱運出的玉石「萃集於阿瓦都城」，更言「美玉之至滇南者寥寥無幾矣」。〔註70〕可知在 1870 年代，當時的人已認為中緬玉石貿易的主要途徑，已由陸路轉變為海路。

　　促成這一變化的因素，除了雲南回變，也與英國在緬甸的交通建設有關。第一章第二節已討論，英國在與緬甸簽訂《1862 年英緬條約》，正式取得勃固地區後，積極地開發伊洛瓦底江輪船航運。1869 年，英國政府所支持的「伊洛瓦底江船隊和緬甸輪船航運有限公司」設立了仰光至八莫的輪船航線，至 1876 年，此公司更名為「伊洛瓦底江輪船公司」，壟斷了伊洛瓦底江航運業務。〔註71〕有此可知，在滇緬貿易由於雲南回變而遭打擊之時，伊洛瓦底江的輪船航運正蓬勃發展。霧露河玉石因而得以自八莫，或是自緬京地區，藉由便捷的江運運至伊洛瓦底江口的仰光，再藉由海運運至中國沿海各港埠。而執行這項業務的船隻，除了輪船外，在十九世紀後期穿梭於中緬之間各東南亞港口的福建與廣東帆船，也是這項業務的執行者，而他們在東南亞所停靠的各商埠，皆有可能是緬甸玉石的交易點。其中，檳榔嶼、新加坡是主要的交易地點。〔註72〕從第四章的表 4-3 可得知，有一些年份，洋貨玉石自新加坡運

〔註68〕　〔清〕李侍堯，〈雲貴總督李侍堯奏陳緬甸邊務事〉，收入國立故宮博物院編，《宮中檔乾隆朝奏摺》輯38，頁 308～311。

〔註69〕　〔清〕王芝，《海客日譚》卷2，頁 12。

〔註70〕　〔清〕黃懋材，〈西輶日記〉，收入〔清〕王錫祺編，《小方壺齋輿地叢鈔》帙 10 冊 54，頁 426～427。

〔註71〕　賀聖達，《緬甸史》，頁 246、255～256。

〔註72〕　〔清〕寸開泰，《騰越鄉土志》卷8，〈商務〉，頁 11。

至中國，但新加坡並不產玉石，這些玉石就有可能是自仰光運至新加坡後，再轉運至中國沿海各埠。至於緬甸玉石運至中國之後，主要運到那些港埠，將於第四章繼續論述。

小　結

　　透過比對可以發現，十七世紀至十九世紀的中文文獻對於緬甸玉石產地的描述各異，但它們所描述的地點皆位於上緬甸的水陸交通要地，因此可將這些產地視為華人在緬甸的玉石交易地點，對於緬甸玉石產地描述的演變可視為華人在上緬甸玉石交易地點的變遷。整體而言，華人在上緬甸的玉石交易地點愈是接近現代，愈是接近緬甸霧露河產玉區。至二十世紀，華人已經深入產玉石的霧露河流域參與玉石的採掘。

　　華人在緬甸的玉石交易地點的變遷，與華人在緬甸北部山區的發展有關。十九世紀以前，由於華人對緬甸北部山區的「生番」以及「瘴毒」的恐懼，尚不敢深入緬甸北部山區購買，甚至是挖掘玉石。當時的華人只敢在八莫採購由當地土著販運而來的玉石。十八世紀後期的清緬戰爭，傅恆在猛拱地區的軍事行動，使華人自十九世紀起漸深入至猛拱與當地土著交易玉石。

　　十九世紀後期，雲南地區發生回變，使得滇緬間陸路貿易變得不安全，華人在緬甸的玉石交易地點因而開始轉至緬京地帶。在同一時期，英國勢力在緬甸的擴張，以及英國在緬甸的鐵路建設及水運開發，更促使緬甸玉石透過便捷的交通，經過水路直接運至中國東南沿海的主要玉石消費市場。雲南回變遭到清政府鎮壓後，雲南地區百廢待舉，為了維持生計，雲南華人克服對緬甸北部山的「野人」與「瘴毒」的恐懼，開始深入至霧露河流域參與玉石的採掘。十九世紀末，隨著英國在緬甸北部山區的統治逐漸穩固，使華人更敢於在霧露河流域挖掘玉石，至1930年代，霧露河流域的玉石礦工，已有六成是華人。

　　十九世紀以前，緬甸玉石已有可能經由海路運抵廣州販售。十九世紀中葉的雲南回變，使華人在緬甸的玉石交易地點向南移至緬京地區，而英國在緬甸的交通建設，使得緬甸玉石得以藉由便捷的交通向南運至仰光後，再經由海路運至中國沿海，執行這項業務的是輪船業者及閩粵帆船業者。輪船與閩粵帆船穿梭於東南亞各港埠間，所停靠的港埠皆有可能是玉石交易地點。其中，可能有為數不少的緬甸玉石經由新加坡轉運至中國。

第三章　滇關駝玉來〔註1〕：中緬玉石貿易的開採與陸運路線變遷

第一節　緬甸玉石的開採方式

早期中文文獻對於緬甸玉石開採流程的描述十分稀少，直到十八世紀末，隨著清緬戰爭的爆發，華人對於緬甸玉石產地始有進一步的瞭解，在這之後的中文文獻開始有對緬甸玉石開採流程的記載。

從《滇海虞衡志》、《海客日譚》、《出使日記續刻》對於緬甸玉石開採流程的敘述可得知，有很長的一段時間，在霧露河流域挖掘玉石者多是當地的土著。雲南回變發生後，大量華人逃往緬甸，其中也有華人前往玉石礦區討生活，不過當時華人僅在霧露河畔的龍塘地區作業，至 1890 年英國的統治範圍擴及至克欽地區，華人挖掘玉石的範圍才擴及到整個霧露河流域。〔註2〕至二十世紀初期，玉石礦區中玉石礦工，已經轉爲百分之六十是華人，百分之四十是緬人與克欽人。〔註3〕

對於緬甸玉石的開採方式介紹得較完整的最早記錄，是二十世紀初期尹明德調查隊的相關調查報告，以及實際在霧露河流域遊歷過的滇西人所留下

〔註1〕〔清〕阮元，〈翡翠玉效樂天樂府〉，收入〔清〕阮元，《揅經室集》續集卷9，臺北：臺灣商務印書館，四部叢刊景道光本，1967，頁19：「古有驃國樂，今有驃國玉，朝廷不寶之，此玉入流俗。色不尚白青，所貴惟在綠，炫以翡翠名，利欲共爭逐。佳者比黃金，價更倍五六，滇關駝玉來，麤皮皆磟碌。貪綠在皮中，若可見其腹，或以千金享，或判卞和足」。

〔註2〕徐宗稺，〈玉石廠記〉，收入李根源等纂，《永昌府文徵》文錄卷30，臺北：傅斯年圖書館古籍線裝書，1941～1942年李根源排印本。

〔註3〕《外交部》檔案，〈滇緬北段界務調查報告〉，中央研究院近代史研究所檔案館藏，館藏號：11-29-11-09-043，頁33。

的相關紀實，諸如尹家令的〈橘庵漫稿〉、徐宗穉的〈玉石廠記〉等。在這些中文文獻中，將霧露河流域的各個玉石礦區稱為「廠口」或是「山口」，依照各礦區出產玉石的成色，挖掘的方式，以及繳稅流程的不同，又可將這些礦區分成「老廠（山）」與「新廠（山）」。以下根據這一分類方法，分別介紹二十世紀初時兩種礦區的玉石採掘流程。

壹、老廠玉石的開採方式

老廠所出產的玉石，其色澤「有翠綠、艷綠、豆綠、水綠、綢陽綠、透陽綠，有藻草綠花、藻草藍花各種，綠花、藍花有甜水、糯水、化水、亮水、玻璃水、春花水，皮則有黃沙皮、白紗皮、檀香皮、羊奶皮、筍葉皮、茨菰皮之類」〔註4〕。老廠發現於何時，開採於何代，在二十世紀初的各種中文文獻中眾說紛紜。尹明德在霧露河流域訪問當地的華人，據稱老廠自明代嘉靖年間開始開採，〔註5〕但在尹明德交予國民政府的調查報告中則云「詢之當地人民，亦未知悉」〔註6〕，顯示尹明德對於老廠自嘉靖開始開發的說法有所懷疑。

在二十世紀初霧露河流域的各個老廠由幹昔山官（也稱墾習佐把）與賴賽山官（也稱會卡佐把）管轄。〔註7〕其中，幹昔山官管轄的老廠有格地摩、蕨檬（又名罵濛）、帕敢（又名帕甘）、媽薩、自必、有媽、洗木、慈龍戛、南木河等廠口；賴賽山官則管轄會卡（又名匯康）、五儀、仙洞、金雞膽、格董陽、木戛奔、摩格弄等廠。〔註8〕這些老廠不一定會同時存在，有一些玉石廠在玉石礦脈枯竭後就遭廢棄。

在華人進入各廠挖掘玉石以前，克欽人挖掘玉石的工具是鐵鍬小鋤，挖掘玉石的流程往往是「先掘地見石，乃伐薪以火攻之，使石裂然後採用」〔註9〕，這種以燒裂法採集而來玉石，色澤較容易變質。十九世紀末，隨著英國的勢

〔註4〕 尹家令，〈橘庵漫稿〉，收入李根源等纂，《永昌府文徵》紀載卷28。

〔註5〕 尹明德，《雲南北界勘察記》卷1，臺北：華文書局，民國22年鉛印本，1969，頁23。

〔註6〕 《外交部》檔案，〈滇緬北段界務調查報告〉，頁31。

〔註7〕 幹昔與賴賽山官階為「蒲蠻野人」。參考自《外交部》檔案，〈滇緬北段界務調查報告〉，頁31。

〔註8〕 尹明德，《雲南北界勘察記》卷1，頁23；《外交部》檔案，〈滇緬北段界務調查報告〉，頁31；尹家令，〈橘庵漫稿〉，收入李根源等纂，《永昌府文徵》紀載卷28。

〔註9〕 〔清〕薛福成，《出使日記續刻》卷2，臺北：華文書局，國立臺灣大學圖書館所藏清光緒24年刊本，1968，頁56～57。

力深入至霧露河流域，華人在玉石礦區的挖掘範圍也逐漸擴散，他們也將較先進的挖掘技術帶入各個玉石廠。

　　緬甸的氣候可分為三季，三至五月是熱季；六至十月是雨季，而十一至隔年二月是涼季。前往玉石廠挖掘玉石的礦工們在雨季即將結束時，就會陸續前往霧露河流域。礦工們在霧露河流域自由地挖掘玉石，有的是獨立作業，有的則是組成一個團隊來共同挖掘。獨立作業者，在玉石礦區中的任何費用都要由自己來支出，不過，若挖到了玉石即可自行享用。至於團隊共挖，則是一種勞資合作的方式，由老闆出錢聘請礦工（或稱小伙計），每個月給礦工固定的薪資，而礦工則是出力挖掘玉石。若團隊挖獲玉石，則老闆可以分得挖獲量一半的玉石，另一半則均分給礦工；若在挖掘玉石的過程中始終沒有挖獲玉石，老闆依然要給予工資，礦工則無須再負擔挖掘玉石的相關費用。〔註10〕

圖 3-1　二十世紀前期霧露河玉石廠大致分佈

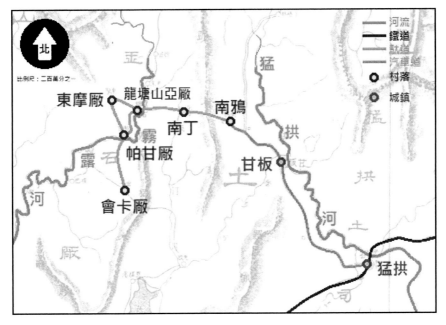

註：此圖係筆者參考《外交部》檔案〈滇緬北段界務調查報告〉、尹明德《雲南北界勘察記》中描述之霧露河玉石廠分佈繪製而成。底圖則引用自尹明德《雲南北界勘察記》中的地圖摺頁。

〔註10〕《外交部》檔案，〈滇緬北段界務調查報告〉，頁32；尹明德，《雲南北界勘察記》卷1，頁24。

　　挖掘玉石的流程方面，無論是獨立作業，還是團隊共挖，在進入玉石廠後，會先尋找沒有被挖掘過，又看似有機會挖掘到玉石的地面，以小樹枝、竹條插地，或是在相中的地面上堆石堆作記號，這樣的流程稱爲「插草爲標」。確認欲開挖的地面後，參與挖掘的相關人員會準備線香、蠟燭、紙錢、三牲等物品祭祀神明，祈求神明庇佑自己能夠在選中的地點挖獲玉石。〔註11〕從尹明德調查告中所描述的祭祀物品大致可推測，這應是華人的祭祀流程。祭祀完畢後，挖掘者即破土動工。〔註12〕

　　無論是獨立作業，還是團體共挖，一般由二至五人共同挖掘一個礦洞。礦工向地底深處挖掘，直到挖掘到青石層爲止，玉石往往夾於青石層之中，若所挖掘的礦洞位於霧露河邊，還得要注意地下水層的問題，礦工往往需要一面挖，一面以竹筒將洞中的地下水排出。每一個礦洞的深度皆不一樣，原因是礦洞「有甫挖二三尺即至石層者，有挖至三四丈始達石層者」。由於霧露河流域位處印度板塊與歐亞板塊的交界帶，地形高聳且皺褶，因此使得深埋地底的玉石礦脈距離地面深淺不一。即使挖到了青石層，其中也不一定存有玉石，還要考量到青石層的厚薄疏密，玉石往往夾雜於又厚又密的青石層中，礦工稱這種礦洞爲「好洞」。然而，也有一些挖獲玉石的礦工，是在稀疏且淺薄的青石層中挖獲玉石，也有些礦工只是將土地上的草皮挖開就挖獲玉石，這種玉石被稱爲「草皮礦」。總之，在玉石廠挖玉石，憑的完全是礦工自己的運氣。礦工在挖掘每一個礦洞時，都要將洞中的青石層都翻起，這一步驟稱爲「翻石腳」，直到礦洞只剩下泥土爲止。若有挖出玉石，挖獲玉石者要繳納值百抽十的出地稅（或稱出山岡）給管理各個玉石廠的地主幹昔或賴賽山官後，才可以將所挖獲的玉石運出玉石廠。運至猛拱，還需要向英國政府設在當地關帝廟的稅岡繳納百分之三十三的玉石稅。〔註13〕若沒有挖到玉石，則不用繳納任何稅款。

　　一般而言每年到了五月雨季即將來臨時，在霧露河流域各個廠口挖掘玉石的礦工會陸續離開霧露河流域。不過，還是會有若干沒有挖獲玉石的礦工

〔註11〕　時至今日在霧露河流域挖掘玉石的礦工，在開始挖掘玉石前還是會祭禱神明，祈求神明能讓他們挖獲玉石。祭禱神明相關的畫面，可以參考趙德胤所導演，2015 年於臺北電影節上映的紀錄片《挖玉石的人》。

〔註12〕　《外交部》檔案，〈滇緬北段界務調查報告〉，頁 31；尹明德，《雲南北界勘察記》卷 1，頁 24。

〔註13〕　《外交部》檔案，〈滇緬北段界務調查報告〉，頁 31～32；尹明德，《雲南北界勘察記》卷 1，頁 24。

會留在玉石廠繼續奮鬥，由於他們在這個季節經常要在雨中作業，因此當時稱他們在雨季留在玉石廠挖玉是在「打雨水」。礦工雨季時在老廠挖掘玉石與平時最大的不同，就在於雨季挖玉利用了雨水的沖洗。首先礦工先在較高的地方開闢小水溝，將雨水引導到事先鑿好的水池。接著，礦工將礦洞邊的泥土挖鬆後，將水池中的雨水放入洞內，用雨水的力量沖洗洞壁的鬆土，爾後不斷地重複這樣的動作，直到將洞內的鬆土沖盡而只留下青石層為止，而礦工再挑鑑青石層中有無玉石。「打雨水」由於需要雨水的沖刷，所以只能在雨季執行。這樣的挖掘方式，雖然可以省去將泥土自洞內運出的力氣，但在雨季時，霧露河流域高溫多雨，是瘴癘最為盛行的時節，留在玉石廠繼續「打雨水」的礦工，往往會因而生病，甚至是客死異鄉。〔註14〕

貳、新廠玉石的開採方式

新廠玉石，即現在市面上俗稱的「新山玉」或是「新山料」，其色澤「多翠綠，而水色不如老山之透明」〔註15〕。在中文文獻中最早的新廠玉石記載，是1885年版《永昌府志》雜紀志中的描述，志中描述新廠玉石「先是夷民牧牛，於上見其石似玉，負之歸試沽之，獲重利，於是羣夷爭採」，在當時價格相對於老廠玉石低廉，「但其質不甚堅，間有光彩帶翠者，久之其色自減」。〔註16〕而在二十世紀初出產新廠玉石的玉石廠，只有幹昔山官所管轄的東摩廠。十九世紀後期，新廠玉石在東摩廠被發現後，管轄當地的幹昔山官將東摩廠分配給親族開挖。〔註17〕至二十世紀初期，幹昔山官的親族們漸將洞權售予騰衝商人，而幹昔山官也對外出售東摩廠的礦地，在尹明德調查隊進入東摩廠時，礦地的地價是「每兩方丈由數千至數萬元不等」。〔註18〕

〔註14〕《外交部》檔案，〈滇緬北段界務調查報告〉，頁32；尹明德，《雲南北界勘察記》卷1，頁24。

〔註15〕周鍾嶽等，《新纂雲南通志》卷142，〈工業考〉，南京：鳳凰出版社，1949年鉛印本，2009，頁9。

〔註16〕在徐宗穉所撰寫的〈玉石廠記〉描述新廠玉石發現於光緒初年：尹明德調查隊的調查報告中描述東摩廠開採已有數十年的時間。若與《永昌府志》中對於新山玉的描述，大致可以推斷新廠玉石是在光緒年間才開始開採。

〔註17〕〔清〕劉毓珂，《永昌府志》卷62，〈軼事〉，臺北：成文出版社，光緒11年刊本，1967，頁13。

〔註18〕《外交部》檔案，〈滇緬北段界務調查報告〉，頁32；尹明德，《雲南北界勘察記》卷1，頁25。

圖 3-2　玉石廠中的抽水作業

圖片來源：騰衝縣政府編，《騰衝老照片》，騰衝：雲南出版集團公司、
　　　　　雲南人民出版社，2010，頁 38。

圖 3-3　人工搬運玉石

圖片來源：騰衝縣政府編，《騰衝老照片》，騰衝：雲南出版集團公司、
　　　　　雲南人民出版社，2010，頁 38。

　　在幹昔山官親族主導開挖的時期，東摩廠主要是以「燒裂法」來開採玉石。每到涼季，有洞權者即率領數十名礦工進入東摩廠開採，往往要向地下挖掘五十公尺深才能挖到含有玉石的青石層。礦工挖到青石層後，有洞權者會進入礦洞中，依照所持的股份來劃定界線，然後再堆積薪材，以焚燒洞中的青石層。薪材燒盡後，向青石層潑水，使青石層因比熱不均而裂開後，礦工再進入洞中以錘鉆敲鑿青石層，將其中的玉石取出。以燒裂法來開採玉石，容易讓玉石的質地產生變化，在《永昌府志》中描述新廠玉石「質不甚堅」、「久之其色自減」可能就與這種開採方式有關。〔註19〕

　　至二十世紀初期，騰衝商人自幹昔親族處取得洞權後，引進了各式汽機敲鑿礦洞中的青石層，並在礦洞中設置電燈，使礦工能在幾乎深不見光的礦洞中作業。新廠的礦工作業以三班制的方式進行，每八小時輪班一次，使洞中的敲鑿作業不間斷。由於東摩廠在六至十月雨季時，各個礦洞會積滿雨水，因此在十一月雨季結束、涼季開始之時，各個礦洞的所有權者會以汽機將礦洞中的積水排出，至三月熱季到來時，礦工才能在新廠的礦洞中作業，而洞中的抬水費，則是由有洞權者平均分攤。〔註20〕在挖到玉石後，由於有洞權者已向幹昔山官以及他的親族購得了洞權，因此有洞權者無須再向幹昔山官繳納值百抽十的出地稅，即可將挖掘出地的玉石運出東摩廠。但運至猛拱後，還是需要向猛拱關帝廟的玉石稅岡繳納百分之三十三的玉石稅。

第二節　中緬玉石貿易的陸路運輸路線

　　透過中文資料所敘述的騰越赴緬交通路線，可大略地勾勒出十九世紀以前的中緬玉石貿易的運輸路線。在前兩節的分析中可得知，十九世紀以前華人在緬甸的玉石交易地點是位處於太平江與伊洛瓦底江交匯處的新街，即現在的八莫。玉石交易地點會在新街，與當時中緬間的主要交通路線分佈有關。清緬戰爭爆發以前，騰越通往緬甸的交通路線主要有五條（請參考圖3-4）：

　　　自騰越北四程，至茶山長官司。

　　　自騰越西八程，至里麻長官司；十程至孟養宣慰司。

　　　自騰越南二十里，交南甸半個山；又六十里，至南甸宣撫司；又二

〔註19〕〔清〕劉毓珂，《永昌府志》卷62，〈軼事〉，頁13。
〔註20〕尹明德，《雲南北界勘察記》卷1，頁25。

程至干崖；四程，至蠻哈山；十程，至猛密；二十七程，至緬甸；
三千里有奇，至南海。

自南甸四程，至隴川；自隴川西南十程，至猛密，由隴川東南十程，
至木邦；轉達八百宣慰司。

自騰越東南二程，至蒲窩，又二程，至芒市，轉達鎮康州。〔註21〕

圖3-4　十八世紀以前騰越的聯邊道路

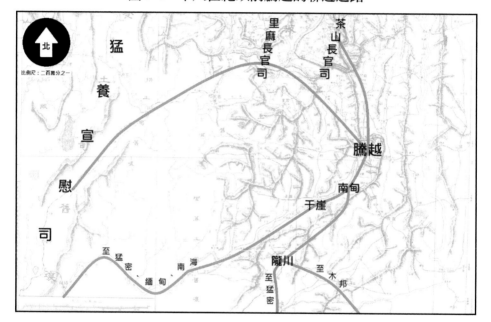

註：此圖係筆者參考〔清〕李文淵《永昌府志》卷24〈土司〉、〔清〕宣世濤《永
　　昌府志》卷20〈土司〉、〔清〕屠述濂《騰越州志》卷2〈疆域〉中所記載
　　的騰越聯邊道路繪製而成。底圖則引用自尹明德《雲南北界勘察記》中的
　　地圖摺頁。

這五條路線是騰越城邑通往滇緬邊界的主要路線，其中第二及第三條道路是
日後通往霧露河產玉區最主要的路線。前兩條路線在十七世紀前期，因為明
朝政府所任命的茶山與里麻土司遭當地克欽人驅逐，而使得騰越城邑經由里

〔註21〕〔清〕李文淵，《永昌府志》卷24，〈土司〉，收入《上海圖書館藏稀見方志
　　　　叢刊》冊 226-227，北京：國家圖書館出版社，康熙 41 年刻本，2011，頁
　　　　17；〔清〕宣世濤，《永昌府志》卷 20，〈土司〉，收入《復旦大學圖書館藏
　　　　稀見方志叢刊》冊52，北京：國家圖書館出版社，乾隆 50 年刻本，2010，
　　　　頁 16；〔清〕屠述濂，《騰越州志》卷2，〈疆域〉，臺北：成文出版社，乾隆
　　　　55 年刊本、光緒 23 年重刊本，1967，頁 4～7。

麻與茶山兩地通往克欽山區的路徑不通。之後，中國政府只在沿邊設大塘、明光、滇灘、古勇等隘設防。至於第三條路線則是清代滇緬貿易的主要進行路線，大略是沿著大盈江──太平江谷地來進行，十八世紀以後，這條路線主要有三種走法（請參考圖3-5）：

> 城南六十里為曩宋，十里為南甸土司故為府，由南甸左行六十里為龍抱樹，又五十里為杉木籠山，山之險者也，又三十里為蠻隴，又六十里為隴川土司，又四十里為邦中山，又一百里為猛卯土司，凡四百五十里；自南甸右行二十里至沙冲，二十里至猛宋，五十里至黃陵崗，五十里至干崖土司，八十里至盞達土司，三十里至太平街，又自翁輪三十里至銅壁關，凡三百五十里，此自州由南分左右之里數也；自隴川八十里至腊撒土司，戶撒在其北三十里，自腊撒至鐵壁關八十里，由鐵壁而左二十里至蠻等，七十里至虎踞關，又五十里至南喜，三十里至等拐，又十里至天馬關，此境內南行之里數也。
>
> 〔註22〕

圖3-5　十八世紀騰越的聯邊道路

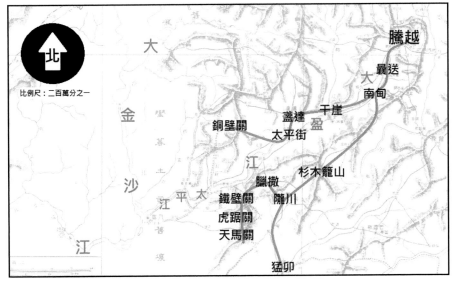

> 註：此圖係筆者參考〔清〕屠述濂《騰越州志》卷2〈疆域〉中所記載的騰越聯邊道路線繪製而成。底圖則引用自尹明德《雲南北界勘察記》中的地圖摺頁。

〔註22〕〔清〕屠述濂，《騰越州志》卷2，〈疆域〉，頁4～7。

這三種走法，第一種為下道，稱為河邊路，第二種為上道，稱為火焰山路，第三種則為中道，稱為石梯路。這三條路線「上道較迂遠，而行旅多由之，蓋中下二道雖逕捷，得芻草則甚艱，頗不便於人馬，故皆舍之而趨迂遠者」〔註23〕。三條路線在穿越野人山區之後，匯集於新街（今八莫），自騰越出發經由陸路前往緬甸貿易的華商，首先會在新街做買賣，其中向克欽與撣族購買玉石是華商赴新街貿易的任務之一。在第二節的分析可知，在清緬戰爭爆發以前，由於華人對於瘴癘與克欽族的恐懼，尚未敢深入猛拱、帕甘等位於克欽山區深處的地點買賣玉石，因此多前往新街向當地人購買玉石。

在第二節的論述中可得知，大約自十九世紀起，華人赴緬購買玉石的地點不再單一於新街，而是進一步地深入猛拱地區購買，這樣的變化可能與清緬戰爭期間經略傅恆在克欽山區的進軍路線有關。傅恆部隊自騰越城邑出發，出萬仞關，進軍戛鳩、猛拱、猛養等地的行動，不只使得華人自騰越赴緬購買玉石的貿易路線出現變化，華人在緬甸的玉石交易地點，也從原本的新街，逐漸轉移至靠近霧露河產玉區的猛拱地區。〔註24〕

約莫在十八世紀末清緬封貢關係確立後，中國方面的文獻開始有猛拱產玉石的記載，但華人運輸玉石回騰越的路線，在此一時期的中文資料中少有記載。至1873年清軍完全鎮壓雲南回變之後，中文資料對於華人運輸緬甸玉石的路線才有進一步的記載。

1886年，雲南署迤南道吳其禎與永昌知府余澤春查閱考證騰越關隘的佈置，並編輯成〈緬甸圖說〉。在〈緬甸圖說〉中描述到十九世紀後期騰越通往緬甸主要道路，依然以大盈江沿線的三條路線為主要的商賈往來大道。當時克欽山區的克欽族會將他們所挖掘的白玉、琥珀等物經由神護關，至古永隘附近與華人交易。克欽人會循著神護關、古永隘這一條路線將玉石與琥珀販運入騰越，是因為這條路線在當時沒有稅崗。依據〈緬甸圖說〉的考證調查，騰越通往緬甸的交通路線，可謂「山徑紛歧」，騰緬間的山間隘口十

〔註23〕〔清〕王芝，《海客日譚》卷1，臺北：文海出版社，光緒2年石城刊本，1985，頁9。

〔註24〕〔清〕屠述濂，《騰越州志》卷2，〈疆域〉，頁4～7：「傅經署由萬仞關四十里，歷猛弄、蠻理、止丹來戛南盞河，又三十里出戛鳩渡江，十里蠻乃，三十里蠻報，又三十里麻里而至猛拱，百五十里南烏賴，三十五里沙河，三十里深溝，又六十里而至孟養，其地至阿瓦甚遠，且路徑不熟，炎天瘴盛，因回師而駐老官屯」。

分多，道路也錯綜複雜。當時騰越通往猛拱的道路主要有三條路線（請參考圖 3-7）：

> 由廳西一百五十里至古永隘，八日至里麻長官司野夷地，又十日過夏鳩，將至猛養；由廳西一百五十里至止那隘，路左通萬仞關，路右通神護關，又十日至夏鳩，又十日至猛拱；由廳西南九十里至盞西，又九十里至巨石關，過野牛壩，又十日至夏鳩，又時日至猛拱。〔註 25〕

其中，第二條道路出神護關向西行十餘里至速典後會分三條路線，這三條路線於小盞西合為一路，再循著伊洛瓦底江上溯至夏鳩，在夏鳩渡過伊洛瓦底江後再深入猛拱、猛養等地。另一種走法是由速典上路，西北行六十里至木籠，又九十里至隴屏，又六十里至逑求，又三十里至羅孔，又三十里至等夏，又九十里至小盞西又八十里至允冒，過江至猛拱，路極險要。

　　這些道路是當時清政府官員能辨認出來的通往猛拱的道路，若將這些道路與傅恆部隊由神護關前往夏鳩、猛拱等的路線做比對可發現十分的相似。這些騰越城邑通往猛拱地區的道路，皆有可能是霧露河玉石運輸往騰越的路線，其中經由古永、盞西的路線，是十九世紀後期中文資料經常提及的中緬陸路玉石販運路線。光緒年間廣東試用縣丞陳還在他的著作〈縷陳緬甸近年情形〉中提到在十九世紀後期來往於滇緬間的商幫所走的道路（請參考圖 3-7）：

> 出野山分六道出入滇緬，西出古永、盞西及走錫馬（萬仞、巨石關外）以赴玉石、樹乳場者為走廠幫；自騰越經石梯（初有上中下三條分走，今併歸中路）出蠻暮而至新街者為火焰山幫；自永昌、龍陵出崩干（在天馬關外）以抵碌硐（去新街六十里）趨上新街者為碌硐幫；東出遮放、芒市以赴摩谷之寶石廠者為回回幫；由緬甯出木邦走大山至阿瓦者為大山邦；由普洱等屬出車里走茶山而下暮爾緬者為奔竜幫（大山、奔竜大半漢回幫駝）。凡此六路，每或千餘人，二三千駝不等。秋出春歸，視遠近而分次數。〔註 26〕

在這段引文中將經由古永、盞西、錫馬等地前往克欽山區玉石廠、樹漿廠的駝商歸類為走廠幫。若將古永、盞西、錫馬這三個地點標註於地圖上，可以

〔註 25〕　〔清〕吳其禎，〈緬甸圖說〉，收入〔清〕王錫祺編，《小方壺齋輿地叢鈔》再補編帙 10，臺北：廣文書局，1962。

〔註 26〕　〔清〕陳還，〈縷陳緬甸近年情形〉，收入〔清〕姚文棟編，《集思廣益編》卷 1，臺北：文海出版社，清光緒間刊本，1985，頁 3。引文中括弧內文字是原作者所寫。

發現這三個地點分別位處於騰越三條前往密支那道路上。若將這三地點所代表的通猛拱路線與〈緬甸圖說〉中所標示出來的幾條通猛拱路線做比較，可發現幾乎一致。

　　而與陳還處於同一時期的騰越附生王家賓在他的著作〈縷陳騰越所屬七土司及一帶野山利弊情形〉中也提到在十九世紀末騰越駝商隊前往緬甸經商的主要途徑（請參考圖 3-7）：

> 由蠻允（此地原屬干崖，賠嫁與南甸，今屬南甸管轄）進蠻弄有上中下三路（上路又名火焰山，中路又名石梯，下路又名河邊），此三路最為近便，相距僅二百餘里；由盞達進蠻弄有錫馬（即巨石關也），此路上猛碤玉石、樹乳等廠亦間走之；由干崖進新街有麻湯路，此路必經由戶撒、腊撒之地；由騰越出隴川經猛卯轉上新街有碤洞路（即天馬關也），由永昌、龍陵出遮放、南坎者亦走此路，惟此路野夷最為安分，各事本業無搶劫之患，十年前曾搶過一兩次，因領幫之人乃久辦軍務者，膽勇足備，且隨帶有軍器，即挑選趕馬人二百餘名將野寨剿殺，並將貨駝奪回，復又施之以德，近十餘年來，野夷畏威懷德，此路竟暢達安行，但程途稍迂，僅趁冬春兩季走二三轉也。至於上中下路及錫馬、麻湯二路之野夷，則任意搶劫，動輒鬧事矣（凡野匪搶劫商貨，必藉口阿公阿祖，或打或殺等類）。〔註27〕

引文所敘述的騰越駝商隊前往霧露河產玉區的路線，亦大致與〈緬甸圖說〉中所描述騰越城邑前往猛拱的路線相同。然而從〈縷陳騰越所屬七土司及一帶野山利弊情形〉的敘述可得知，無論是沿著大盈江——太平江谷地行進的三條通往八莫的滇緬貿易主要行進路線，以及經由盞達通往密支那、猛拱的山路，在十九世紀末期時都顯得十分的危險。居住於這些貿易路線沿線的克欽族，在這一時期經常會劫掠來往於滇緬之間的駝商隊。參與劫掠者，並不只是不受清政府管轄的克欽部落，即使是忠於清政府的土司也會與「野匪」勾結，包庇甚至是參與打劫來往駝商隊的行動。當時駝商隊的因應之策，是結幫而行，「多則千餘人二三千駝，少亦二三百人，七八百駝，或千餘駝」。但保護商隊的往往只有一兩位帶軍器者。保護商隊的人數不足，若遇到搶劫，帶軍器者若將劫匪打傷或致死，商號及領幫之人甚至會將保護商隊的帶軍器

〔註27〕〔清〕王家賓，〈縷陳騰越所屬七土司及一帶野山利弊情形〉，收入〔清〕姚文棟編，《集思廣益編》卷 2，頁 4～5。引文中括弧內文字是原作者所寫。

者交由「野夷」處置，以防日後他們對駝商隊進行報復。騰越當局與地方土司曾請憑眾商號認承保，組織保商隊維持滇緬間交通路線的治安，雖然有些成效，但由於範圍廣闊，難以全面地保護商隊。當時已統治上緬甸的英國也曾經通信騰越廳表示願統兵進入野人山代為剿除「野匪」，企圖藉此領兵進入中國領地。〔註28〕十九世紀後期滇緬間主要陸路通道的治安敗壞，是日後霧露河流域所出產的玉石大多透過水運運往中國東南沿海的其中一個原因，這部分將於第三章深入探討。

　　而英國在緬甸的交通建設，也影響著十九世紀後期玉石自猛拱透過陸路運往中國的路線選擇。1898 年，以仰光為起點的緬甸縱貫鐵路已延伸至猛拱、密支那等地，直逼滇緬邊境。由於密支那與猛拱間能夠以鐵路的方式來運輸，因而使得經由陸路運往騰衝的玉石，多循著鐵路路線運至密支那後，再經由古永、盞西、錫馬等與密支那相近的駝商路線將玉石運至騰越。此外，自猛拱循著鐵路到達格薩後，再透過伊洛瓦底江，經由八莫運往騰衝應也是當時玉石陸路運輸路線之一。表 2-1 與表 2-2 所呈現的是二十世紀初期騰衝通往猛拱的主要交通路線：

表 3-1　騰衝經密支那姪孫布拉蚌及坎底旅程（節錄騰衝至密支那旅程）

站　　名	里程	道　路　狀　況
騰衝－高田	40 里	馬行道平坦
高田－古永街	80 里	馬行道崎嶇
古永街－牛圈河	50 里	馬行道崎嶇騰越關於此設查卡
牛圈河－甘稗地	40 里	由牛圈河至高倫坪難行過界西下坡英人修理後馬可通行
甘稗地－俄穹	50 里	馬行道平坦
俄穹－昔董壩	60 里	馬行道平坦
昔董壩－大灣子	70 里	馬行道平坦
大灣子－瓦宋	70 里	路途較寬，汽車可通行
瓦宋－密支那	40 里	汽車道

註：此表係筆者參考以下資料來源之資料另行整理而成。

資料來源：《外交部》檔案，〈滇緬北段界務調查報告〉，中央研究院近代史研究所檔案館藏，館藏號：11-29-11-09-043。

〔註28〕　〔清〕王家賓，〈縷陳騰越所屬七土司及一帶野山利弊情形〉，收入〔清〕姚文棟編，《集思廣益編》卷 2，頁 5～10。

表 3-2　騰衝經八莫猛拱至密支那旅程

站　名	里　程	道　路　狀　況
騰衝－九保街	90 里	馬行道平坦
九保街－舊城	80 里	馬行道平坦
舊城－小辛街	70 里	馬行道平坦
小辛街－蠻線	70 里	馬行道平坦
蠻線－芭蕉寨	50 里	馬行道山路過古哩卡為英界
芭蕉寨－茅草地	50 里	馬行道山路
茅草地－小田壩	40 里	馬行道平坦
小田壩－八莫	50 里	汽車道
八莫－格薩	小火輪行 10 時	伊洛瓦底江水路
格薩－納巴	火車行 1 時	火車道
納巴－猛拱	火車行 7 時	火車道
猛拱－密支那	火車行 3 時	火車道

註：此表係筆者參考以下資料來源之資料另行整理而成。
資料來源：《外交部》檔案，〈滇緬北段界務調查報告〉，中央研究院近代史研究所檔
　　　　案館藏，館藏號：11-29-11-09-043。

　　至於由猛拱至霧露河產玉區的交通，在很長的時間裡，中文資料少有記載，直到二十世紀初始有詳細的實地考察資料。1931 年初尹明德等人自曼德勒出發，搭乘二十五小時的火車後到達猛拱。英印政府在猛拱設有玉石崗稅所。崗稅所設於猛拱，是因為當時唯一通往霧露河玉石廠的道路是以猛拱為起點，而在第一節亦提到，此崗稅多為騰衝的鉅商承包，因此崗稅所設於猛拱的關帝廟中。〔註29〕

　　自猛拱出發，向西北方向前往霧露河產玉區，途中會經過甘板（Kamaing）、南鴉（Nan-ya）等地。猛拱至甘板的距離為八十里，這段道路是汽車道，能夠較平穩的行駛汽車，甘板至南鴉的距離則為四十二里，路較為崎嶇，僅能以小汽車行駛其間。自南鴉至霧露河流域的道路為山箐道，汽車已無法通行，僅能步行或騎乘牲畜前往，行進六十五里到達霧露河流域的村寨龍潭，此為華人最早開採玉石的地點。至龍潭後，尹明德一行人再向西行二十餘里前往

────────────

〔註29〕尹明德，《雲南北界勘察記》卷 1，頁 19～20。

位處於霧露河產玉區居中位置的帕甘廠。〔註30〕

　　以帕甘廠為中心點，南北間百餘里的霧露河流域兩岸皆為產玉區域。每年十月至翌年五月期間，挖玉者會在這一區域間作業。每年的三、四月間，買玉商人會集中於各廠購買玉石。在挖掘或購買玉石之後，商人們會循著尹明德自猛拱前赴霧露河流域的路線前往猛拱，在猛拱稅崗完稅後，或向南運至曼德勒等地銷售及運往中國東南沿海，或向北運往密支那後，再運往騰衝銷售。依據尹明德調查隊的考察路線，自猛拱搭三小時的火車，行進一百二十里，途經南丁（Namti）、皮董（Pidaung）兩站後到達密支那。〔註31〕自密支那至騰衝的交通要道，大多數還是只能以獸駝之力來通行。

小　結

　　二十世紀初，霧露河流域的玉石廠依照出產玉石的成色、挖掘方式的差異，以及繳稅流程的不同可分為「老廠」與「新廠」。老廠的挖掘季節主要是涼季，亦有礦工在雨季留下來「打雨水」。進入老廠挖掘玉石的礦工有的是獨立作業，有的則是勞資團隊共挖。無論獨立挖掘或是團隊共挖，在挖掘玉石前會先祭祀神明，祈求順利挖到玉石。挖掘玉石全靠運氣，有的挖開草皮即得玉石，有的挖至數丈尚未得玉石。挖獲玉石者，需繳納百分之十的出地稅給管理玉石廠的幹昔或賴賽山官，才可以將玉石運出玉石廠。新廠的挖掘季節則僅限於涼季，挖玉者須先向幹昔山官，或是他的親屬購得洞權，才能入廠挖掘，挖掘得玉無須再繳納百分之十出地稅。無論是老廠或新廠運出的玉石，運至猛拱，還需要向英國設在當地關帝廟的稅崗繳納百分之三十三的玉石稅。

　　十九世紀以前，華人主要依循太平江赴八莫購買玉石，再運回中國內地。清緬戰爭後的十九世紀，開始有華人循著古永及神護關兩條交通路線，經由密支那赴猛拱採購玉石，甚至是深入霧露河流域挖掘玉石。十九世紀末，隨著英國在緬甸的鐵路建設向北拓展至猛拱及密支那，使得華人的玉石運輸路線，漸以猛拱──密支那──騰越一線為主。但也因為英國在上緬甸的各種交通建設，使得霧露河出產的玉石，大多經由鐵路或伊洛瓦底江水運，運至

〔註30〕尹明德，《雲南北界勘察記》卷1，頁22～23。
〔註31〕尹明德，《雲南北界勘察記》卷1，頁26。

曼德勒或仰光後，再經由海運運至以廣州為主的中國沿海城市。

圖 3-6　滇緬間的山川分佈

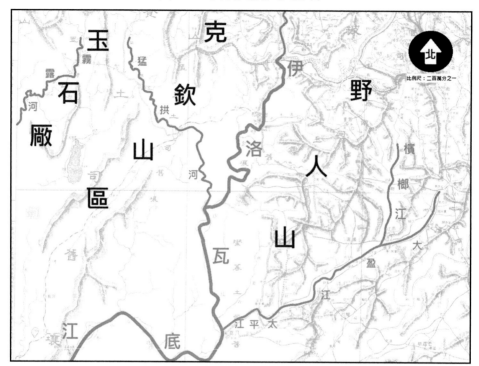

註：此圖係筆者引用尹明德《雲南北界勘察記》中的地圖摺頁修改繪製而成。

圖 3-7　十九至二十世紀前期騰越至霧露河玉石廠的路線

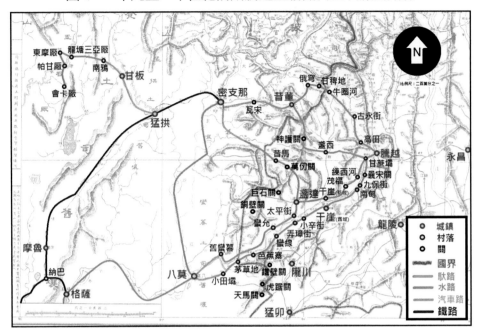

註：此圖係筆者參考〔清〕李文淵《永昌府志》卷 24〈土司〉、〔清〕宣世濤
《永昌府志》卷 20〈土司〉、〔清〕屠述濂《騰越州志》卷 2〈疆域〉、〔
清〕吳其禎〈緬甸圖說〉、〔清〕陳還〈縷陳緬甸近年情形〉、〔清〕王家
賓〈縷陳騰越所屬七土司及一帶野山利弊情形〉、《外交部》檔案〈滇緬
北段界務調查報告〉、尹明德《雲南北界勘察記》中所記載與中緬玉石貿
易相關的滇緬交通路線繪製而成。底圖則引用自尹明德《雲南北界勘察
記》中的地圖摺頁。

第四章　近世海道便捷：中緬玉石貿易水運路徑的發展

第一節　中緬玉石貿易水運路徑的發展背景

壹、十九世紀以前中緬海路貿易發展的限制

　　十九世紀以前，緬甸與中國的海路貿易已發展許久。1349 年，中國航海家汪大淵所撰寫的《島夷志略》中提及當時華人在淡邈（今土瓦 Dawei）、八都馬（今馬達班 Mottama）等緬甸沿海城市，以絲、瓷、金屬器等產品與當地土著交易象牙、胡椒、稻米等土產，也提及當時華人由於緬甸當地的生活成本不高，而「販其地者十去九不還也」。〔註 1〕十六世紀後期，朱孟震撰寫的《西南夷風土記》敘述當時緬甸沿海城市「江船不可數，高者四五尺，長至二十丈，大桅巨纜，周圍走廊，常載銅、鐵、瓷器往來，亦閩廣海船也歟」。〔註 2〕顯示在此時期福建與廣東的商舶前往緬甸沿海貿易已經十分地頻繁，華商以金屬器、瓷器與緬甸進行交易。

　　雖然緬甸與中國之間的海路交通發展甚早，但在十九世紀以前，相對於雲南與緬甸的陸路貿易，海路貿易一直都不是中緬貿易的主要途徑。會有這樣的狀況主因有三，（1）距離遙遠；（2）下緬甸經濟發展；（3）以及緬甸政局因素。

　　首先是距離遙遠的因素。相對於南中國沿海地區，位處於印度洋東岸的

〔註 1〕　〔元〕汪大淵著；蘇繼廎校譯，《島夷志略》，北京：中華書局，2000，頁 130、
　　　　133、135～136。
〔註 2〕　〔明〕朱孟鎮，《西南夷風土記》，臺北：廣文書局，1969，頁 10。

緬甸沿岸地區，距離中國沿海較爲遙遠。十九世紀中葉以前，由於中國帆船（Junk）的裝載量有限且不易航行，因此使得經營海路貿易的華商多在麻六甲海峽以東、臺灣海峽以南的南中國海沿岸貿易。〔註3〕

　　其二是當時緬甸南部沿海地區的經濟發展狀況。十九世紀初期，緬甸還是一個地廣人稀的地區。1826 年英國統治丹那沙林與阿拉干以前，全緬甸的人口大約四百四十萬，其中，三分之二人口集中於不靠海的緬甸中部平原地區。〔註4〕而下緬甸地區雖然平原遼闊、土地肥沃、而且有勃固、八都馬、吐瓦等對外貿易的港口，但在十九世紀以前它在緬甸經濟的地位，一直都不及緬甸中部平原區來得重要。

　　十九世紀以前，下緬甸地區的經濟長期落後於緬甸中部平原區的原因，首先是十九世紀中葉以前，緬甸人還不能有效防治伊洛瓦底江下游的洪水，更沒有足夠的人力、資金和技術來開發當地大片的叢林與沼澤地帶；其次，當時下緬甸地區瘧疾流行，在沒有有效的抗瘧藥物情況下，許多地區人口死亡率很高，不利於人口的繁衍與發展，從而影響這一區的經濟發展。〔註5〕由於這些原因，使得以伊洛瓦底江下游三角洲爲中心的緬甸沿海地區少了吸引華商前來貿易的誘因。〔註6〕

　　而貢榜王朝對於海上貿易的態度，更是影響十九世紀中葉以前中緬海路貿易的最直接因素。貢榜王朝爲了防止西方勢力的侵略，採取閉關自守的政策，嚴格控管對外貿易，規定貿易的數額，對進口產品徵收高額關稅。貢榜王朝的海關對於外國船隻的檢查十分的嚴格，官員也常敲詐勒索外國商人。〔註7〕以上因素限制了當時緬甸透過海路與外國的貿易發展。直到十八世紀後期，緬甸與中國間的海路貿易才有進一步的發展。

　　前兩章曾提及，十八世紀後期爆發的清緬戰爭，以及清政府在戰後對滇緬邊境實施的長期閉關禁市政策，使緬甸與中國的陸路貿易遭遇沉重打擊，但緬甸與中國的貿易還是繼續經由海路進行。十八世紀末，在東亞的英國港

〔註 3〕陳國棟，〈清代前期（1644～1842）海洋貿易的形成〉，收入陳國棟，《東亞海域一千年》，臺北：遠流出版社，2013，頁 267～268。

〔註 4〕賀聖達，《緬甸史》，北京：人民出版社，1992，頁 178。

〔註 5〕賀聖達，《緬甸史》，頁 187～188。

〔註 6〕馮立軍，〈20 世紀初以前華僑移民緬甸述略——兼論緬甸華僑社會的形成〉，《南洋問題研究》4（廈門，2008），頁 48～56。

〔註 7〕賀聖達，《緬甸史》，頁 183。

腳（Country）商人〔註8〕試圖以棉花來代替白銀，以平衡與中國貿易的逆差。
〔註9〕緬甸所產的棉花可能也成了他們販運至中國的商品。1777 年曾經擔任
過兩廣總督的雲貴總督李侍堯向朝廷的報告中提到了緬甸棉花等物可能經
由海道輸往廣州的可能性：

> 緬地物產，棉花最多，次則碧霞璽、翡翠玉。其仰給於內地者，不
> 過綢緞貢絲鐵針之類。近年以來，彼處玉石等物，雲南、廣東二省
> 售賣頗多，皆由內地每差土人擺夷出關探偵，盤查兵役因見官差要
> 務，於隨身行李搜檢未嚴，夾帶私走勢所不免。究之偵探者，止在
> 野人地界，摭拾無稽，不但不能得彼真情，轉將內地信息從而洩漏。
> 至於棉花一項，臣在粵省時，見近年外洋港腳船隻進口，全載棉花，
> 迨至出口回帆，又止買帶些須白糖、白礬。船多稅少，頗累行商，
> 臣與監督德魁嚴行飭諭，嗣後倘再混裝棉花入口，不許交易，定將
> 原船押逐。在案外洋海道，各國皆通，臣初不知緬地多產棉花，今
> 到滇後，聞緬匪之晏共、羊翁等處為洋船收泊交易之所，以臣在粵
> 所見，核之在滇所聞，緬地棉花悉從海道帶運，似滇省閉關禁市，
> 有名無實。〔註10〕

李侍堯主政兩廣時期，已經有港腳船載運棉花至廣州販賣，因為影響到行商
的收益，引起了李侍堯與粵海關監督德魁的關注。李侍堯就任雲貴總督後，
發現在廣州出現的棉花，很有可能是港腳船自緬甸的「晏共」〔註11〕、「羊
翁」等地販運而來，因而有「似滇省閉關禁市有名無實」的看法。從這則引
文大致可以得知，在滇緬邊境閉關禁市期間，中國與緬甸的貿易往來似乎並
未停止，有一部分的中緬貿易是透過海路持續地進行，緬甸產的玉石在這時
也可能已經經由海路直接運至廣州，而經營此項貿易者可能是華人，也可能

〔註8〕　港腳商人指的是十八世紀在東亞海域進行跨國貿易的英國商人。這些商人是
　　　　居住在印度、不屬於英國東印度公司的英國人。獨立於英國東印度公司進行
　　　　「港腳貿易」，具體的做法是將棉花及鴉片由印度運至中國售予中國商人，所
　　　　取得的現金或是債權轉移給英國東印度公司的廣州商館，由公司商館開立支
　　　　付憑證或匯票給當事人，讓他們在印度或倫敦兌現。參考自陳國棟，《東亞海
　　　　域一千年》，頁 28。
〔註9〕　陳國棟，〈清代前期（1644～1842）海洋貿易的形成〉，收入陳國棟，《東亞海
　　　　域一千年》，頁 279。
〔註10〕〔清〕李侍堯，〈雲貴總督李侍堯奏陳緬甸邊務事〉，收入國立故宮博物院編，
　　　　《宮中檔乾隆朝奏摺》輯 38，臺北：國立故宮博物院，1988，頁 308～311。
〔註11〕「晏共」的發音與仰光（Rangoon）相似，因此可推估晏共指的應是仰光。

是英國人。因此，在十八世紀末，中國的文字資料已經有「西洋貨物，聚於漾貢，閩廣皆通」〔註12〕的描述。至十九世紀，隨著英國勢力在東南亞的發展，中國與緬甸的海路貿易愈加熱絡。

貳、十九世紀後中緬海上貿易的發展

　　英國自 1786 年佔領檳榔嶼起，就積極地發展與中國的貿易。英國爲了開發新得的殖民地，也爲了發展與中國的貿易，採取了廣招華人來檳榔嶼貿易及定居的政策。1819 年英國佔領新加坡後，英國官員斯坦福・萊佛士（Stamford Raffles）將新加坡規劃爲自由港，全力拓展與中國的直接貿易。新加坡開埠之初，倚重當時貿易領域遍及南中國海各港口的中國帆船來發展與中國的貿易。1823 年以後，新加坡已逐漸取代巴達維亞，成爲馬來群島中最大的貿易貨物集散中心。〔註13〕隨著貿易的發展，以福建與廣東籍爲主的華人也隨之移民至馬來半島，並以新加坡爲中心，向東南亞其他地區貿易與移民，其中緬甸各埠也是華商活動的區域。

　　1826 年英國與緬甸簽訂《楊端波條約》後，取得了緬甸南部海岸的丹那沙林與阿拉干兩地。英國爲了開發新得的兩個殖民地，實施了自由移民政策，其中丹那沙林吸引了來自暹羅與海峽殖民地的福建與廣東籍華人。〔註14〕此外，英國政府在兩個殖民地取消了貢榜王朝時期對大米輸出的禁令，並實行自由貿易，促使兩殖民地的海上貿易的發展。〔註15〕

　　1852 年第二次英緬戰爭後，英國佔領了下緬甸地區。英國在取得下緬甸地區後，採取了多項經濟政策。首先，取消了貢榜王朝實施的大米出口和對自由貿易的一切限制；其次，自 1861 年起在下緬甸發行貨幣，使下緬甸經濟進入貨幣經濟時代；其三，如前所述，英國在與貢榜王朝簽訂《1862 年英緬條約》確立對下緬甸地區的統治後，積極地在下緬甸開發水運、建設鐵路；其四，爲了開發伊洛瓦底江三角洲地廣人稀但肥沃的土地，英國殖民當局實施了小面積土地授予制度，允許當地居民與外來移民在向殖民當局納稅的條

〔註12〕〔清〕屠述濂，《騰越州志》卷10，〈邊防〉，臺北：成文出版社，乾隆55年刊本、光緒23年重刊本，1967，頁57。

〔註13〕轟德寧，《近現代中國與東南亞經貿關係史研究》，廈門：廈門大學出版社，2001，頁10～24。

〔註14〕轟德寧，《近現代中國與東南亞經貿關係史研究》，頁200。

〔註15〕賀聖達，《緬甸史》，頁232。

件下使用小面積土地，至 1876 年英國殖民當局更頒布了《緬甸土地與稅收法案》，確立了下緬甸的土地私有權。這些政策的實施，促使大量的印度人與華人移入下緬甸，加速下緬甸地區農業與商貿的發展。〔註16〕此外，英屬印度與美國南部這兩個當時主要大米輸出地，分別在 1857 年與 1860 年爆發動亂，使得輸出大米急遽減少，但歐洲市場對大米的需求有增無減，同時英國的殖民地，諸如香港、海峽殖民地對大米的需求也不斷增加。這樣的國際環境有利於伊洛瓦底江三角洲地區發展水稻生產。而 1869 年蘇伊士運河的開通，縮短了大西洋與印度洋間的航線距離，從而降低了大米運價。這就更促進了下緬甸的經濟發展。〔註17〕

　　英國殖民當局對下緬甸地區自由貿易的鼓勵，以及十九世紀中葉後下緬甸經濟的發展，吸引更多華商前往緬甸貿易，促成了緬甸與中國的海上貿易發展。1872 年底，王芝到達下緬甸首府仰光，並在他的遊記《海客日譚》中描述了當時華商在仰光的狀況：

> 漾貢，古秘古國也。一名烏土，一名冷宮，中華通商者謂之朗谷，又謂之晏宮。城西南海濱巨步也，故緬屬地，咸豐二年割隸英吉利。地縱衡鈞約千餘里，山原沃衍，產棉花、大米、嘉木、海錯之屬甚夥。廣東、福建通商者數萬人，浙江、雲南商人亦間有之，西、南洋諸商尤眾。〔註18〕

　　在英國的治理之下，仰光成為緬甸第一大商埠，吸引了各國的商船前來貿易，其中也包含了廣東與福建的商船。由於在英國統治時期，下緬甸最主要的經濟作物是稻米，因此在仰光「閩粵米商最多」〔註19〕。1879 年初，經由緬甸前往三藏五印度地方〔註20〕遊歷的黃懋材在他的遊記《西輶日記》中也描述在仰光「閩粵兩省商於此者不下萬人，滇人僅有十餘家」〔註21〕，可

〔註16〕賀聖達，《緬甸史》，頁 250～251。
〔註17〕賀聖達，《緬甸史》，頁 249；肖彩雅，〈19 世紀初至 20 世紀初緬甸華僑社會的變遷〉，廈門：廈門大學南洋研究院碩士論文，2009，頁 58。
〔註18〕〔清〕王芝，《海客日譚》卷 3，臺北：文海出版社，光緒 2 年石城刊本，1985，頁 4～5。
〔註19〕〔清〕王芝，《海客日譚》卷 3，頁 6。
〔註20〕透過十九世紀末中國與英國簽訂的各項條約內容中對維多利亞女王的稱謂「大英國君主五印度大后帝」可得知，當時的中國官方稱印度為「五印度」。五印度是佛教用語，分別指東印度、北印度、西印度、南印度以及中印度。至於「三藏」指的應是西藏地區的前藏、後藏以及阿里地區。
〔註21〕〔清〕黃懋材，〈西輶日記〉，收入〔清〕王錫祺編，《小方壺齋輿地叢鈔》帙

見十九世紀後期在下緬甸經商的華人已經頗具規模，而下緬甸的華人是以閩、粵人為主。

在前兩章已經討論過，1856 年至 1873 年在雲南發生的回變，使得緬甸與中國的陸路貿易風險增加。而英國自 1860 年起積極地開發伊洛瓦底江航運以及南北間的鐵路運輸，使緬甸南北間的交通更加順暢。大約在同一個時期，隨著輪船發動機技術的突破，以及 1869 年蘇伊士運河開通的影響，輪船逐漸取代帆船，成為世界海上運輸的主力。〔註22〕中國與緬甸間的海路交通時間因此而得以縮短。因此在十九世紀後期，緬甸與中國之間的貿易，逐漸轉變為以海路方式為主。緬甸北部山區所出產的玉石銷往中國的途徑，也由原來以陸路為主的途徑，在十九世紀後期轉變為經由海路運往中國沿海消費市場為主要途徑的格局。

第二節　緬甸玉石運至中國的主要目的地

在第一節中所陳述的各種原因，使早期經由騰越前往緬甸的商旅漸漸改走海路前往緬甸購買玉石。〔註23〕黃懋材在 1879 年遊歷至緬甸時因此有「近世海道便捷，故美玉之至滇南者寥寥無幾」〔註24〕的印象。至 1894 年中國與英國簽訂《中英續議滇緬界務商務條款》，使得中國船隻行駛於伊洛瓦底江時，英國待之「如稅鈔及一切事例，均與待英船一律」〔註25〕，促使華商「由新嘉坡、檳榔嶼、行經漾貢」〔註26〕溯伊洛瓦底江至上緬甸的緬京地帶、八莫，再深入至猛拱、霧露河產玉區購買玉石。

在第一章已提及，英國自 1860 年代起積極地發展緬甸南北間的水路與鐵路運輸，至 1870 年代起，輪船已經能自仰光行駛至八莫；而鐵路也在 1898 年延伸至猛拱、密支那等緬北要邑。因此可推論自十九世紀後期起，華商在

---

10 冊 54，臺北：廣文書局，光緒 17 年上海著易堂鉛印本，1962，頁 426～427。

〔註22〕 Max E. Fletcher, "*The Suez Canal and World Shipping, 1869-1914,*" The Journal of Economic History, 18:4（Dec 1958）, pp. 556-573.

〔註23〕 〔清〕寸開泰，《騰越鄉土志》卷 8，〈商務〉，北京：國家圖書館出版社，傳抄清光緒本，2011，頁 11。

〔註24〕 〔清〕黃懋材，〈西輶日記〉，收入〔清〕王錫祺編，《小方壺齋輿地叢鈔》帙 10 冊 54，頁 426～427。

〔註25〕 《總理各國事務衙門》檔案，〈續議滇緬界務商務條款〉，中央研究院近代史研究所檔案館藏，館藏號：01-23-001-01-002。

〔註26〕 〔清〕寸開泰，《騰越鄉土志》卷 8，〈商務〉，頁 11。

緬北山區購買玉石後，或直接以船隻運輸，或經由火車運輸玉石至仰光後再透過海運將玉石運回中國沿海各通商口岸。關於緬甸玉石透過海路運至中國各通商口岸的數量，可以藉由中國海關報告中的統計資料的推估得知。

壹、中國各海關進口洋貨玉石的數量

　　若要瞭解十九世紀後期至二十世紀前期中國與緬甸的玉石貿易規模，從中國海關的各年度統計資料可以得到一些解答。自 1859 年中國將海關交由海關總稅務司管理起，中國海關始有詳細的年度統計資料。京華出版社出版的《中國舊海關史料》彙編了 1859 年至 1948 年中國各個海關的各項報告與統計資料。本研究以雲南回變接近尾聲的 1870 年爲起始，以 1946 年的統計資料爲結束，將《中國舊海關史料》第四冊至第一百四十七冊的歷年海關統計資料中所紀錄玉石進口量加以整理與彙編。本節將以這一百多冊的歷年海關統計資料作爲史料，展開玉石貿易的海運路線之討論。

　　中國海關統計資料的統計方式並非始終一致，而有過幾次的變動，這影響著本研究對中國各口岸歷年進口緬甸玉石數量的分析。歷年的海關報告，將自外洋其他國家進口的玉石歸類於「洋貨貿易──進口和轉口」的部分，因此，本研究將登記於此項目的玉石稱爲「洋貨玉石」。1894 年以前，海關報告將洋貨玉石的進口來源地登記於「自香港及中國口岸進口」項目，而不是「自國外進口」項目；1894 年起至 1901 年爲止，海關報告則將洋貨玉石的進口來源地改登記於「自國外進口」項目變更後的「自國外及香港進口」項目，而原本的「自香港及中國口岸進口」項目則改爲「自中國口岸進口」，這個項目也自此以後沒有海關進口洋貨玉石的紀錄。〔註 27〕透過海關歷年報告登記洋貨玉石進口來源地的變化可以推估在二十世紀以前，洋貨玉石自外洋其他各國經海路運至香港之後，再轉運至中國沿海的其他通商口岸。1902 年起，海關才開始有進口來源地的詳細統計資料，這部分待下一個段落分析。

　　利用海關的統計資料可以發現，在 1870 年至 1946 年間，曾經有進口洋貨玉石紀錄的中國通商口岸，依據由北至南，由內陸至沿海的順序排列，有天津、膠州、重慶、宜昌、蘇州、上海、寧波、福州、廈門、汕頭、廣州、

〔註 27〕會有這樣的差異，應與清政府對香港在中國沿海貿易中的地位認定，由國內通商口岸轉變爲英國通商口岸有關。參考自曹英，〈兩難的抉擇：晚清中英關於香港在中國沿海貿易中的地位之爭〉，《近代史研究》4（北京，2007），頁109～119。

九龍、蒙自、騰越等口岸。其中，騰越、蒙自兩海關是船隻無法到達的內陸通商口岸，除了這兩海關，其他都是中國沿海或是長江沿岸的口岸。本研究將上述口岸的歷年統計資料加以整理製作成表4-1。

表4-1　中國各海關進口洋貨玉石的數量（1870～1946）

單位：公斤

年代	天津	膠州	重慶	蘇州	上海	寧波	福州
1870	—				—	—	—
1871	—				—	—	—
1872	—				—	—	—
1873	—				—	—	—
1874	—				—	—	—
1875	—				—	—	—
1876	—				—	—	—
1877	—				—	—	—
1878	—				—	—	—
1879	447				—	—	—
1880	—				—	—	—
1881	774				—	—	—
1882	—				—	—	—
1883	—				—	—	—
1884	—				—	—	—
1885	—				—	—	—
1886	—				—	1228	—
1887	—				—	—	—
1888	—				236	—	—
1889	—				—	—	—
1890	—				1474	—	—
1891	—		—		2544	—	—
1892	—		—		6575	—	—
1893	—		—		—	—	—
1894	347		—		1312	—	1539
1895	59761		—		—	—	1640
1896	—		—	—	3400	—	1800

1897	—	╱	—	—	1500	—	2500
1898	—	╱	—	12000	1000	—	1600
1899	—	—	—	21900	3700	—	1800
1900	1200	—	—	—	1500	—	1700
1901	—	—	—	—	3100	—	2500
1902	300	—	—	—	3200	—	1700
1903	—	—	—	—	5700	—	1500
1904	—	—	—	—	600	—	—
1905	—	—	—	—	4200	—	1000
1906	—	—	—	—	3100	—	200
1907	—	—	—	—	2300	—	200
1908	—	—	—	—	2200	—	1300
1909	—	—	—	—	7200	—	800
1910	—	—	—	—	8000	—	200
1911	600	—	—	—	5600	—	—
1912	—	—	—	—	—	—	—
1913	200	—	400	—	—	—	100
1914	—	—	—	—	500	—	—
1915	—	—	—	—	—	—	—
1916	200	—	—	—	1200	—	—
1917	—	—	—	—	6100	—	—
1918	—	—	—	—	5900	—	—
1919	—	—	—	—	4700	—	—
1920	—	—	—	—	8900	—	—
1921	—	—	—	—	11300	—	200
1922	—	—	—	—	14500	—	200
1923	—	—	—	—	9800	—	—
1924	—	—	—	—	13000	—	—
1925	—	—	—	—	7100	—	300
1926	200	—	—	—	17500	—	—
1927	400	—	—	—	15300	—	—
1928	2200	—	—	—	25800	—	—
1929	8200	—	—	—	27500	—	—
1930	20100	—	—	—	11800	—	—
1931	3900	—	—	—	7600	—	—

1932	17200	—	—	—	7900	—	—
1933	39400	—	—	—	48400	—	—
1934	41800	—	—	—	32000	—	—
1935	8377	—	—	—	30692	—	—
1936	52193	—	—	—	78515	—	3
1937	37732	—	—	—	55326	—	—
1938	3096	—	—	—	6067	—	—
1939	14002	—	—	—	9784	—	—
1940	43839	—	—	—	8332	—	—
1941	2750	1000	—	—	2572	—	—
1942	3700	—	—	—	—	—	—
1946	—	—	—	—	652	—	—
合計	362918	1000	400	33900	537181	1228	22782

註1：此表係筆者參考以下數據來源之數據另行整理而成。

註2：1870 年至 1934 年間中國海關計算洋貨玉石數量的單位爲「擔」，1935 至 1946 年間的單位則爲「公斤」，爲了方便比較，本研究將所有數據統一爲「公斤」，一擔約一百公斤。

註3：尚未開埠，以斜線表示；無進口紀錄則以橫線表示。

數據來源：1870 年至 1946 年中國海關報告統計資料（中國第二歷史檔案館、中國海關總署辦公廳編，《中國舊海關史料》冊 4-147，北京：京華出版社，2001）。

表 4-1　中國各海關進口洋貨玉石的數量（1870～1946）（續）

單位：公斤

年代	汕頭	廣州	九龍	昆明	蒙自	騰越
1870	—	117605				
1871	—	171782				
1872	—	128526				
1873	—	141640				
1874	—	262151				
1875	—	317221				
1876	—	267224				
1877	—	315015				
1878	—	150567				
1879	—	211067				
1880	—	258508				

1881	—	516954				
1882	—	489900				
1883	—	326101				
1884	—	368636				
1885	—	146210				
1886	—	481935				
1887	—	252945	—			
1888	—	463258	—			
1889	—	530610	—		—	
1890	—	507853	—		—	
1891	—	372620	—		—	
1892	—	387730	—		—	
1893	—	415562	—		—	
1894	—	249612	—		—	
1895	—	385603	—		—	
1896	—	431700	—		—	
1897	—	371800	—		—	
1898	—	409500	—		—	
1899	—	359900	—		—	
1900	—	267300	—		—	
1901	—	353100	—		—	
1902	—	374600	—		—	27100
1903	—	299800	—		—	38400
1904	—	306000	—		—	57600
1905	—	276500	—		—	70900
1906	—	316100	—		—	23000
1907	—	359000	—		—	21600
1908	—	363000	—		—	51600
1909	—	376200	—		—	52100
1910	—	410100	—		—	69900
1911	—	269100	—		—	62800
1912	—	68200	—		—	26400
1913	—	298000	—		—	90100
1914	—	266400	—		—	99100
1915	—	485200	—		—	91200
1916	—	457700	—		—	39100

1917	—	392300	100		—	80200
1918	—	370000	—		—	48000
1919	—	172400	—		—	47800
1920	—	464000	—		—	49800
1921	—	378300	—		—	76700
1922	—	606600	—		—	51500
1923	—	357500	—		400	59800
1924	—	260300	—		—	44100
1925	—	150200	—		200	37600
1926	—	219600	—		—	25400
1927	—	271100	500		—	11500
1928	—	294400	100		—	32500
1929	—	333400	—		—	30600
1930	—	174600	—		—	9900
1931	—	301800	100		—	18200
1932	—	323600	100		—	30000
1933	—	158800	—		—	17700
1934	—	140500	—		—	12100
1935	—	81689	—		—	12701
1936	—	92429	56		—	7301
1937	—	163797	16		—	10326
1938	—	25545	—		—	5935
1939	—	—	—		—	16465
1940	5	4555	—		—	19263
1941	—	18886	90		—	11067
1942	—	1727	—	—	—	—
1946	—	18754	38	43	—	2288
合計	5	21132817	1100	43	600	1589646

註1：此表係筆者參考以下數據來源之數據另行整理而成。

註2：1870 年至 1934 年間中國海關計算洋貨玉石數量的單位為「擔」，1935 至 1946 年間的單位則為「公斤」，為了方便比較，本研究將所有數據統一為「公斤」，一擔約一百公斤。

註3：尚未開埠，以斜線表示；無進口紀錄則以橫線表示。

數據來源：1870 年至 1946 年中國海關報告統計資料（中國第二歷史檔案館、中國海關總署辦公廳編，《中國舊海關史料》冊 4-147，北京：京華出版社，2001）。

圖 4-1　津、江、粵、騰越海關進口洋貨玉石數量折線圖（1870～1942）

縱軸單位：公斤
橫軸單位：年代

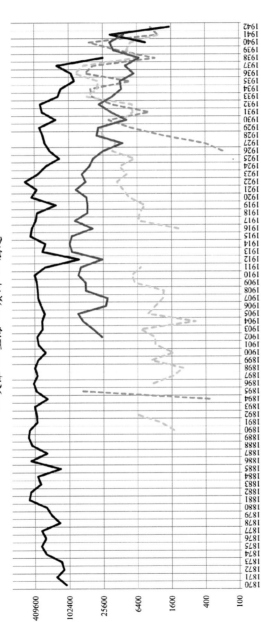

--天津　--上海　—廣州　—騰越

註1：此圖係筆者根據表 4-1，將最重要、進口洋貨玉石數量最多的四個口岸之歷年情況作成。

註2：1870 年至 1934 年間中國海關計算進口洋貨玉石數量的單位為「擔」，1935 至 1942 年間的單位則為「公斤」，為了方便比較，本研究將所有數據統一為「公斤」，一擔約一百公斤。

數據來源：1870 年至 1942 年中國海關報告統計資料（中國第二歷史檔案館、中國海關總署辦公廳編，《中國舊海關史料》冊 4-145，北京：京華出版社，2001）。

　　透過表 4-1 所呈現的海關數據可以發現，這些有進口洋貨玉石紀錄的中國口岸，以天津、上海、廣州、騰越等四個口岸是歷年洋貨玉石進口數量較多的中國通商口岸。以下分別分析這四個口岸的洋貨玉石進口狀況。

　　海關資料中最早有洋貨玉石進口數量紀錄的通商口岸是廣州。在大多數的年份，廣州進口的洋貨玉石數量，佔全中國洋貨玉石進口量的絕大比例。若以歷年進口量總數來看，廣州進口洋貨玉石的總重量，佔中國歷年進口洋貨玉石的總重量的百分之八十以上，其次的內陸口岸騰越，其歷年進口總重量則佔百分之十二。若以每年的數據來看，在 1938 年以前，廣州每年進口洋貨玉石的數量多維持在十萬至三十萬公斤左右的水準，只有 1912 年、1935 年及 1936 年，進口量降至十萬公斤以下。隨著中國抗日戰爭的範圍在 1938 年擴及至廣州〔註28〕，廣州在 1938 年之後洋貨玉石的進口量降至兩萬五千多公斤以下。

圖 4-2　津、江、粵、騰越海關進口洋貨玉石總量比例（1902～1942）

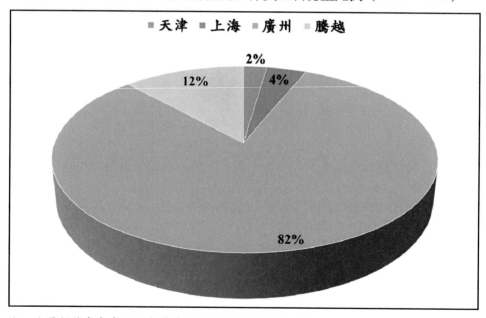

註：此圖係筆者參考以下數據來源之數據另行製作而成。

數據來源：1902 年至 1942 年中國海關報告統計資料（中國第二歷史檔案館、中國海關總署辦公廳編，《中國舊海關史料》冊 35-145，北京：京華出版社，2001）。

〔註28〕1938 年 10 月，中國與日本爆發廣州戰役，隨後，日本佔領廣州、佛山及增城等地。參考自何應欽，《八年抗戰》，臺北：國防部，1982，頁 93。

　　上海歷年進口洋貨玉石的總重量約佔中國歷年洋貨玉石進口總量的百分之二。上海海關最早的洋貨玉石進口紀錄是 1888 年，此年之後，上海在大多數的年份裡皆有進口一千公斤以上的洋貨玉石。1921 年起，上海在大多數的年份進口洋貨玉石的數量有一萬公斤以上的規模，1927 年上海首次超越騰越，成為當年進口洋貨玉石第二多的通商口岸。1931 年與 1932 年，因為一二八事變的影響，上海洋貨玉石的進口量降至一萬公斤以下。1933 年起，上海持續地成為中國第二大進口洋貨玉石的通商口岸。直到 1938 年由於上海捲入中國抗日戰爭〔註29〕，上海進口洋貨玉石的數量降至一萬公斤以下，隔年（1939）上海的洋貨玉石進口量落後於天津與騰越。

　　天津自 1879 年起有零星的洋貨玉石進口紀錄，1895 年曾經有近六萬公斤的進口量，1926 年開始有連續性的洋貨玉石進口紀錄，有若干年份的進口量達到一萬公斤以上，1930 年的進口量首次超越騰越與上海。1932 年起經常是中國第三大進口洋貨玉石的通商口岸。受到 1937 年蘆溝橋事變的影響，1938 年天津的洋貨玉石進口量減少至一萬公斤以下，之後連兩年的進口量皆在一萬公斤以上。1940 年的進口量達到四萬公斤以上，是當年進口洋貨玉石最多的通商口岸，之後的兩年洋貨玉石進口量則降至四千公斤以下。

　　透過第二章的分析可得知騰越自古就是中國進口洋貨玉石的主要途徑之一，但一直沒有確切的玉石進口數據，1902 年開埠後，騰越開始有洋貨玉石的進口紀錄。1902 年至 1932 年間，騰越所進口的洋貨玉石數量僅次於廣州，是中國第二大洋貨玉石進口地，每年進口量約在一萬至九萬公斤之間，在這期間只有 1927 年與 1930 年的進口量分別落後於上海與天津。1933 年起，騰越的洋貨玉石進口數量已較上海、天津少得很多。

　　若將天津、上海、廣州三個通商口岸歸類為沿海口岸，將騰越歸類為內陸口岸，並將兩類通商口岸 1902 年至 1942 年間的洋貨玉石進口量做比較，可以發現在二十世紀初期，經由海路運往中國沿海通商口岸的洋貨玉石進口量，已明顯多於經由陸路運至騰越的洋貨玉石數量。至於這些洋貨玉石是從何處出口，將在下一個段落繼續分析。

〔註29〕1937 年 8 月，中國與日本爆發淞滬會戰。戰後，日本佔領全上海（除公共租界的蘇州河以南部分和法租界外）、蘇州及無錫部分地區。參考自何應欽，《八年抗戰》，頁 40～45。

表4-2　沿海口岸與內陸口岸洋貨玉石進口量比較（1870～1946）

單位：公斤

年代	沿海口岸	內陸口岸	年代	沿海口岸	內陸口岸
1902	378100	27100	1923	367300	59800
1903	305500	38400	1924	273300	44100
1904	306600	57600	1925	157300	37600
1905	280700	70900	1926	237300	25400
1906	319200	23000	1927	286800	11500
1907	361300	21600	1928	322400	32500
1908	365200	51600	1929	369100	30600
1909	383400	52100	1930	206500	9900
1910	418100	69900	1931	313300	18200
1911	275300	62800	1932	348700	30000
1912	68200	26400	1933	246600	17700
1913	298200	90100	1934	214300	12100
1914	266900	99100	1935	120758	12701
1915	485200	91200	1936	223137	7301
1916	459100	39100	1937	256855	10326
1917	398400	80200	1938	34708	5935
1918	375900	48000	1939	23786	16465
1919	177100	47800	1940	56726	19263
1920	472900	49800	1941	24208	11067
1921	389600	76700	1942	5427	—
1922	621100	51500	1946	19406	2288

註1：此表係筆者參考以下數據來源之數據另行整理而成。

註2：1902年至1934年間中國海關計算洋貨玉石數量的單位為「擔」，1935至1946年間的單位則為「公斤」，為了方便比較，本研究將所有數據統一為「公斤」，一擔約一百公斤。

數據來源：1902年至1946年中國海關報告統計資料（中國第二歷史檔案館、中國海關總署辦公廳編，《中國舊海關史料》冊35-147，北京：京華出版社，2001）。

圖 4-3　沿海口岸與內陸口岸洋貨玉石進口量比較折線圖（1902～1942）

縱軸單位：公斤

橫軸單位：年代

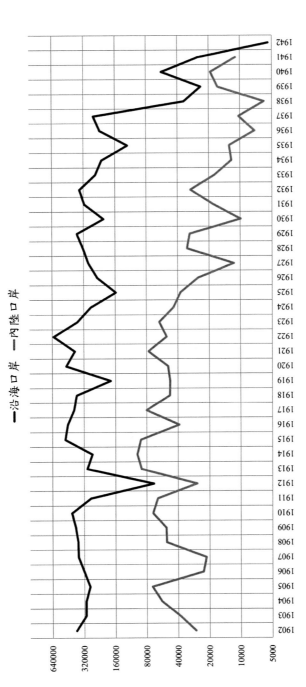

一沿海口岸　一內陸口岸

註 1：此圖系根據表 4-2 的數據作成。

註 2：1902 年至 1934 年間中國海關計算洋貨玉石數量的單位為「擔」，1935 至 1942 年間的單位則為「公斤」，為了方便比較，本研究將所有數據統一為「公斤」，一擔約一百公斤。

數據來源：1902 年至 1942 年中國海關報告統計資料（中國第二歷史檔案館、中國海關總署辦公廳編，《中國舊海關史料》冊 35-145，北京：京華出版社，2001）。

貳、中國自各地區進口洋貨玉石的數量

在前一個段落已經提及，1902 年以前的中國海關統計資料在登記洋貨玉石自何處進口時，1894 年以前登記於「自香港及中國口岸進口」項目，1894 年起登記於「自國外及香港進口」項目。而根據這個變化可以推論，中國沿海各口岸的洋貨玉石皆是透過海路運至香港後，再轉運到中國沿海的各個通商口岸。

這些玉石是從何處運至香港？根據楊萍的研究，現今世界上有產硬玉的地區有緬甸、瓜地馬拉、日本等地，然而瓜地馬拉的硬玉礦是在二十世紀後期才開始較有規模的開發，而日本的硬玉礦脈極為細小，因此清代中國所流行的硬玉不大可能是這兩個地方生產。〔註 30〕而透過本研究第二章的分析可得知，緬甸所產的玉石開發得很早，十八世紀後期雲貴總督李侍堯曾經提及緬甸所產的玉石在廣州售賣頗多；〔註 31〕十九世紀後期黃懋材亦提及原本緬甸所產的玉石多由華商透過陸路運至廣東雕琢再販售，而到了他所身處的時代，緬甸所產的玉石，質量較好的多透過海路直接運到中國沿海，而透過陸路經由雲南運至廣東已經是少數；〔註 32〕薛福成在他的日記中也提其在他所身處的年代，中國市場上所流行的玉石皆是緬甸所出產。〔註 33〕因此可以推論十九世紀後期經由香港轉運至中國沿海各通商口岸的玉石，大部分是從緬甸生產並出口。

1902 年，位於雲南西部的騰越正式開埠並設立海關，同年中國海關報告開始有洋貨玉石進口來源地的統計資料。1902 年至 1947 年間，中國海關報告的統計資料中所登記的洋貨玉石來源地有美國、檀香山、安南、比國、英國、緬甸、香港、印度、新嘉坡等處、法國、德國、日本、關東租借地、臺灣、澳門、俄國太平洋各口、南美洲、南非洲、泰國、其他各國等選項。以下以1902 年至 1947 年中國海關報告的統計資料中所紀錄的自世界各地區進口洋貨玉石數量，加以整理製作成表 4-3。

〔註 30〕 楊萍，〈清代翡翠玉文化的形成與傳播研究〉，廣州：中山大學中山大學地球科學與地質工程學院碩士論文，2009，頁 25～28。

〔註 31〕 〔清〕李侍堯，〈雲貴總督李侍堯奏陳緬甸邊務事〉，收入國立故宮博物院編，《宮中檔乾隆朝奏摺》輯 38，頁 308～311。

〔註 32〕 〔清〕黃懋材，〈西輶日記〉，收入〔清〕王錫祺編，《小方壺齋輿地叢鈔》帙 10 冊 54，頁 426～427。

〔註 33〕 〔清〕薛福成，《出使日記續刻》卷 5，臺北：華文書局，國立臺灣大學圖書館所藏清光緒 24 年刊本，1968，頁 56～57。

表 4-3　中國自世界各地進口洋貨玉石的數量（1902～1947）

單位：公斤

年代	美國	檀香山	安南	比國	英國	緬甸	香港	印度
1902	－	－	－	－	－	－	377800	27100
1903	－	－	－	－	－	－	302800	38400
1904	－	－	－	－	－	－	306300	57600
1905	－	－	－	－	－	－	281500	71300
1906	－	－	－	－	－	－	318000	23000
1907	－	－	－	－	－	－	361100	21600
1908	－	－	－	－	－	－	365200	51600
1909	－	－	－	－	－	－	379500	52100
1910	－	－	－	－	－	－	418500	69900
1911	－	－	－	－	－	－	275300	62800
1912	－	－	－	－	－	－	68200	26400
1913	－	－	－	－	－	－	298300	90100
1914	－	－	－	－	－	－	266900	99100
1915	－	－	－	－	－	－	485200	91200
1916	－	－	－	－	－	－	459100	39100
1917	－	－	－	－	500	－	396400	81800
1918	－	－	－	－	1200	－	374300	48000
1919	－	－	－	－	－	－	177000	47800
1920	－	－	－	－	700	－	474300	49800
1921	－	－	－	－	－	－	390100	76700
1922	－	－	－	－	－	－	621800	52100
1923	－	－	300	－	－	－	364000	60800
1924	－	－	－	－	－	－	273000	44400
1925	－	－	200	－	200	－	156900	37600
1926	－	－	－	500	－	－	230100	32500
1927	－	－	－	－	－	－	277300	21200
1928	－	－	－	－	－	－	297300	56300
1929	－	500	－	－	－	－	339300	54800
1930	－	－	－	－	－	－	185600	20500
1931	－	－	－	－	－	－	302200	27900
1932	－	－	－	－	－	333700	25300	600
1933	－	－	－	－	－	106400	600	700
1934	－	－	－	－	－	154600	100	－
1935	－	－	－	－	－	－	－	97075
1936	－	－	－	－	－	－	－	101239

1937	—	—	—	—	—	174211	7	—
1938	—	—	—	—	—	31864	186	—
1939	—	—	—	—	—	26213	2570	182
1940	—	—	—	—	—	28338	690	1976
1941	—	—	—	—	—	32333	282	—
1942	—	—	—	—	—	90	—	—
1946	232	—	—	—	—	6523	15020	—
1947	41	—	—	—	—	3652	—	—

註1：此表係筆者參考以下數據來源之數據另行整理而成。

註2：1902 年至 1934 年間中國海關計算洋貨玉石數量的單位為「擔」，1935 至 1947 年間的單位則為「公斤」，為了方便比較，本研究將所有數據統一為「公斤」，一擔約一百公斤。

註3：1934 年「緬甸」為獨立項目，1935 年與 1936 年緬甸被包含於「印度」之內。1937 年後「緬甸」又成為獨立項目，並回顧紀錄了 1935 年與 1936 年中國自緬甸進口玉石的數量，其數據與 1935 年與 1936 年海關資料中所紀載的中國自印度進口洋貨玉石的數量一致。

數據來源：1902 年至 1947 年中國海關報告統計資料（中國第二歷史檔案館、中國海關總署辦公廳編，《中國舊海關史料》冊 35-148，北京：京華出版社，2001）。

表 4-3　中國自世界各地進口洋貨玉石的數量（1902～1947）（續）

單位：公斤

年代	新嘉坡等處	法國	德國	日本	關東租借地	臺灣
1902	2000	—	—	—	—	—
1903	4600	—	—	—	—	—
1904	—	—	—	—	—	—
1905	—	—	—	—	—	—
1906	1400	—	—	—	—	—
1907	400	400	—	—	—	—
1908	22000	—	—	—	—	—
1909	4700	—	—	—	—	—
1910	200	—	—	—	—	—
1911	—	—	—	—	—	—
1912	—	—	—	—	—	—
1913	—	—	—	—	—	—
1914	—	—	—	—	—	—

1915	—	—	—	—	—	—
1916	—	—	—	—	—	—
1917	—	—	—	—	—	—
1918	—	—	—	—	—	—
1919	—	—	—	—	—	—
1920	—	—	—	—	—	—
1921	—	—	—	—	—	—
1922	—	—	—	—	—	—
1923	—	—	—	—	—	3100
1924	—	—	—	—	—	—
1925	—	—	100	—	—	—
1926	200	600	—	—	—	—
1927	—	—	—	—	—	—
1928	—	—	—	—	—	—
1929	1100	—	—	—	—	—
1930	—	—	—	—	—	300
1931	—	—	—	—	—	—
1932	2800	—	—	—	15700	—
1933	—	—	—	—	32500	—
1934	—	—	—	16000	29100	—
1935	—	—	—	4875	24504	—
1936	—	—	—	2301	82670	—
1937	—	—	—	—	82733	—
1938	11	—	—	—	8582	—
1939	—	—	—	276	10857	—
1940	—	—	—	1143	43839	—
1941	—	—	—	1040	2710	—
1942	—	—	—	—	3700	—
1946	—	—	—	—	—	—
1947	—	—	—	—	—	—

註1：此表係筆者參考以下數據來源之數據另行整理而成。

註2：1902 年至 1934 年間中國海關計算洋貨玉石數量的單位爲「擔」，1935 至 1947 年間的單位則爲「公斤」，爲了方便比較，本研究將所有數據統一爲「公斤」，一擔約一百公斤。

數據來源：1902 年至 1947 年中國海關報告統計資料（中國第二歷史檔案館、中國海關總署辦公廳編，《中國舊海關史料》冊 35-148，北京：京華出版社，2001）。

表 4-3　中國自世界各地進口洋貨玉石的數量（1902～1947）（續）

單位：公斤

年代	澳門	俄國太平洋各口	南美洲	南非洲	泰國	其他各國
1902	─	─	─	─	─	─
1903	─	─	─	─	─	─
1904	─	─	─	─	─	─
1905	─	─	─	─	─	─
1906	─	─	─	─	─	─
1907	─	─	─	─	─	─
1908	─	─	─	─	─	─
1909	─	─	─	─	─	─
1910	─	─	─	─	─	─
1911	─	─	─	─	─	─
1912	─	─	─	─	─	─
1913	─	─	─	─	─	─
1914	─	─	─	─	─	─
1915	─	─	─	─	─	─
1916	─	─	─	─	─	─
1917	─	─	─	─	─	─
1918	─	─	─	─	─	─
1919	─	─	─	─	─	─
1920	─	─	─	─	─	─
1921	─	─	─	─	─	─
1922	─	─	─	─	─	─
1923	─	─	─	─	─	─
1924	─	─	─	400	─	─
1925	─	─	─	─	─	─
1926	─	─	─	─	─	─
1927	─	─	─	─	─	─
1928	─	─	─	─	─	─
1929	─	─	7900	─	─	─
1930	─	1900	─	─	─	─
1931	─	─	─	─	─	─
1932	─	─	─	─	─	700
1933	─	─	─	─	─	19700
1934	─	─	─	─	─	26700
1935	─	─	─	─	─	7005

1936	—	—	—	—	—	44287
1937	—	—	—	—	—	10253
1938	—	—	—	—	—	197
1939	—	—	—	—	131	589
1940	—	—	—	—	8	—
1941	—	—	—	—	—	—
1942	1637	—	—	—	—	—
1946	—	—	—	—	—	—
1947	—	—	—	—	12	—

註1：此表係筆者參考以下數據來源之數據另行整理而成。

註2：1902 年至 1934 年間中國海關計算洋貨玉石數量的單位爲「擔」，1935 至 1947
　　年間的單位則爲「公斤」，爲了方便比較，本研究將所有數據統一爲「公斤」，
　　一擔約一百公斤。

數據來源：1902 年至 1947 年中國海關報告統計資料（中國第二歷史檔案館、中國
　　　　　海關總署辦公廳編，《中國舊海關史料》冊 35-148，北京：京華出版社，
　　　　　2001）。

　　透過表 4-3 可以發現，自 1902 年中國海關開始紀錄進口來源地起，至
1931 年爲止，輸入中國的洋貨玉石，主要進口來源地是香港與印度；1932
年起，洋貨玉石的主要進口來源地則是緬甸、香港。會有這樣的變化，與中
國海關資料統計方式的變化有關。

　　1902 年至 1931 年間，中國進口的洋貨玉石，有八成以上是自香港進口
而來，然而香港並不產玉石。自香港運出的玉石，應是透過海路運抵香港後，
再從香港運至中國沿海的各個通商口岸。每年自香港轉運至中國沿海各通商
口岸的洋貨玉石，在二十萬公斤至四十五萬公斤之間。若將表 4-3 與表 4-1、
表 4-2 作比對可以發現，1902 年至 1931 年間，每年自香港轉運至中國沿海
的各通商口岸的洋貨玉石數量，與中國沿海各通商口岸每年進口洋貨玉石數
量總和幾乎一致，其中絕大多數是運往與香港鄰近的廣州。如同本段落一開
始提到，在十八世紀末廣州市面上已經流行緬甸所產的玉石；在第一章曾經
提及自 1860 年代起，英國在緬甸積極開發鐵路與伊洛瓦底江水運，使得緬
甸自十九世紀末起南北交通順暢，緬北山區所產的玉石能夠向南運至海口，
再透過海路運至中國沿海各通商口岸。因此可以假設在 1902 年至 1931 年間
以廣州爲首的中國沿海通商口岸自香港進口的洋貨玉石，其來源地可能是緬
甸。

　　而在同一年段，中國有一成多的洋貨玉石自印度進口。比對表 4-3 與表

4-1 可以發現，在 1902 年至 1925 年間，每年自印度出口至中國的洋貨玉石數量，與每年經由騰越進口的洋貨玉石數量幾乎吻合。會有這種狀況是因爲騰越在開埠以前主要的對外貿易對象就是印度，尤其是當時印度轄下的緬甸〔註34〕。但在本研究中暫無法證明這些年間中國自印度進口的洋貨玉石來自緬甸。

此外，將表 4-3 與表 4-1 比對也可發現，自 1926 年起，騰越海關所登記的洋貨玉石進口數量，已經明顯地少於海關資料所紀錄的中國自印度進口洋貨玉石的數量，這表示自 1926 年起，已經有爲數不少自印度出口至中國的洋貨玉石不是透過騰越的陸路運至中國，而是直接走海路並在不經由香港轉口的情況下直接地運至中國。

1932 年起，中國海關報告的統計資料新增了不少洋貨玉石進口來源地的選項。從表 4-3 可得知，1932 年至 1947 年間，中國進口的洋貨玉石主要的進口來源地是緬甸、關東租借地以及香港。自 1932 年起，緬甸成爲獨立於印度之外的洋貨玉石進口來源地選項，會有這樣的變化，除了顯示出中國與緬甸間的貿易往來可能愈加頻繁外，也應與 1932 年英國首相麥可唐納（J. Ramsy MacDonald）在倫敦舉行的緬甸問題圓桌會議中表示同意緬甸脫離印度之統治體系有關。〔註35〕

自從緬甸成爲獨立選項後，海關報告的統計資料顯示，中國進口的洋貨玉石主要來源地是緬甸。在 1935 年與 1936 年的海關報告，將自緬甸進口的洋貨玉石歸納在印度選項中，至 1937 年，海關報告又將「緬甸」這一選項自「印度」選項獨立出來。然而，若將 1937 年海關報告中所回顧的 1935 年與 1936 年中國自緬甸進口洋貨玉石的數量，與 1935 年與 1936 年海關報告中紀錄的中國自印度進口的洋貨玉石數量做比對，完全一致。因此可以確定，1935 年與 1936 年海關報告中所呈現的中國自印度進口洋貨玉石數量，實際上是中國自緬甸進口洋貨玉石的數量。

前已述及，將表 4-2 與表 4-3 比較可發現，自 1926 年起，表 4-3 所呈現

〔註34〕 1885 年第三次英緬戰爭之後，緬甸全境遭英國佔領，並於隔年成爲英屬印度的緬甸省。

〔註35〕 陳鴻瑜，《緬甸史》，臺北：臺灣商務印書館，2016，頁 137。1932 年的緬甸問題圓桌會議之後，1935 年英國國會批准《緬甸政府組織法》（Government of Burma Act），規定 1937 年 4 月 1 日起緬甸與印度分治，成爲英國政府直接管轄的殖民地。參考自賀聖達，《緬甸史》，頁 385；陳鴻瑜，《緬甸史》，頁 138。

的中國自印度進口洋貨玉石的數量，已不與表 4-2 所呈現的內陸口岸進口洋貨玉石數量相同。由此可以判斷自 1926 年起，已有爲數不少的自印度出口的洋貨玉石不是經由騰越陸路出口至中國，而是透過海路直接運至中國沿海的通商口岸。進一步將兩表 1932 年以後歷年中國自緬甸進口洋貨玉石的數量，與歷年沿海口岸與內陸口岸進口洋貨玉石的數量做比較，也可以發現自 1932 年起中國自緬甸進口的洋貨玉石，大部分已是透過海路直接運至中國沿海各通商口岸，而不是經由香港轉運，因此在表 4-3 中呈現出 1932 年之後中國各通商口岸自香港進口洋貨玉石的數量驟降的狀況。此外也可以發現這些從緬甸經由海路直接運抵中國沿海通商口岸的洋貨玉石數量，遠多於經由陸路，透過騰越運至中國內陸的數量。至於中國經由關東租借地進口的洋貨玉石來源是何處？又是經由中國哪一個通商口岸進口？將表 4-3 與表 4-1 比對，應可推估這些自關東租借地起運的洋貨玉石，最主要的目的地可能是天津，但透過兩表的比對，無法得知這些洋貨玉石是從何處運至關東租借地。

　　隨著中國抗日戰爭自 1937 年全面開打，中國沿海通商口岸陸續捲入戰火，因此在表 4-3 中呈現出自 1938 年起，中國自外國進口洋貨玉石的數量驟降的態勢。而將表 4-3 與表 4-1 比較可發現驟降的原因，與中國沿海通商口岸捲入中國抗日戰爭有關。到了 1942 年 5 月，入侵緬甸的日本軍隊推進至緬甸北部與雲南騰衝地區，因此在表 4-3 呈現出中國進口洋貨玉石數量再度驟降的情況，可見戰爭對中國與緬甸間陸路與海路貿易的影響程度。隨著整個緬甸與騰衝地區自 1942 年 5 月後成爲日軍與同盟國軍隊的戰場，中國海關的報告自 1943 年起停止紀錄，直到 1945 年日本無條件投降，中國海關重新運作，才又開始有洋貨玉石的進口紀錄。

小　結

　　十九世紀以前緬甸與中國的海路貿易已發展許久，但由於緬甸海岸距離中國沿海遙遠、十九世紀以前緬甸沿海地區經濟發展落後、緬甸貢榜王朝對海上貿易的限制等因素，使得緬甸與中國的海路貿易發展不如陸路貿易來得繁盛。因此早期中國方面的文字資料，少有緬甸所產的玉石透過海路運往中國沿海的紀錄。直到十八世紀後期，因爲清緬戰爭，以及戰後清政府長期實施滇緬邊境閉關禁市的影響下，中國方面的紀錄開始有緬甸產品經由海運往

廣州銷售的紀錄。這顯示最晚在十八世紀後期緬甸與中國的海上貿易已經有所發展，緬甸所產的玉石也可能在這一時期已經透過海運運銷至廣州。

自 1826 年起，英國自緬甸沿海逐步向北發展，最終於 1886 完全併吞緬甸。這近六十年間英國在緬甸實施自由貿易與自由移民政策，使得下緬甸地區在十九世紀中葉後經濟蓬勃發展，因而吸引華商經由海路前往貿易，緬甸與中國間的海上貿易逐步發展。1856 年至 1873 年雲南回變對滇緬貿易發展的負面影響，促使緬甸與中國的海路貿易逐漸取代滇緬間的陸路貿易，成為中緬貿易的主要方式。因此在 1870 年代，中國方面的文字紀錄開始有緬甸玉石較佳者大多經由海路運往廣州的紀錄。透過歷年中國海關報告的統計資料可以得知自 1870 年起，廣州是中國沿海各口岸中進口洋貨玉石最早且最多的通商口岸。約在 1880 年起，天津、上海與福州陸續有洋貨玉石進口的紀錄。透過海路運輸的玉石，可能是經由香港轉運至中國沿海各通商口岸。

1902 年起，中國海關報告開始有洋貨玉石來自何處的統計資料，以及騰越口岸進口洋貨玉石數量的紀錄。這些資料在比對後可得知自緬甸出口至中國的洋貨玉石有兩條路線：陸路是經由騰越口岸進口，但進口量不如透過海路經由香港轉運至中國沿海通商口岸的數量。1926 年起開始有緬甸出產的洋貨玉石經由海路不經過香港，而是直接運往中國沿海口岸的紀錄。1932 年起由於中國海關對於洋貨玉石出口地多了「緬甸」選項，因此可以確定 1932 年後自緬甸透過水路運至中國的洋貨玉石，大多是直接運至中國沿海口岸，而不是經由香港等第三地的轉運。至 1942 年由於入侵緬甸的日本軍隊已推進至緬甸北部山區與雲南西部，使得緬甸與中國的玉石貿易近乎斷絕，中國海關報告也缺乏戰爭期間的進口紀錄。直到 1946 年才又開始有中國自緬甸進口洋貨玉石的紀錄。

結　論

　　本研究利用十七世紀後期至二十世紀前期的雲南地方志、中國文人的個人著作、官紳的考察日記、各種調查報告等史料文獻，分析華人在緬甸的玉石交易地點、緬甸玉石的開採方式、中緬玉石貿易的運輸路徑，有以下發現。

　　第一，將各種中國方面的史料文獻中有關於緬甸玉石產地的描述加以整理比對可發現，各個時期的文獻所描述的緬甸玉石產地不盡相同。十七至十八世紀，中國官紳已知緬甸玉石並不產於雲南騰越地區，而是產於緬甸，但對於緬甸玉石產地的確切位置無法確定；十八世紀末，開始出現緬甸玉石產於蠻莫（今八莫）的紀錄，並開始有緬甸玉石交易流程的描述；十九世紀中葉起，則描述緬甸玉石的產地位於猛拱地區，並開始有玉石廠口（或稱山口）名稱的描述；二十世紀前期，史料文獻開始有老廠（老山）玉石礦區與新廠（新山）玉石礦區的區別，這一時期也開始有緬甸霧露河玉石礦區的詳細調查，細述礦區的各項事務。

　　第二，緬甸玉石的開採方式依據廠口的差異而有不同。老廠口的開採季節主要是每年的涼季與熱季，有些礦工在雨季會留下繼續作業，稱爲「打雨水」；開採前，礦工們先以竹木條立標，再祭祀神明，祈求挖獲玉石，祭畢即破土動工，直到挖到青石層，再從中挑鑑出玉石。新廠口的開採季節則只有每年一至三月；開採之前亦有祭祀行爲，挖掘至青石層後，積薪焚之，薪盡潑水，使之自裂，再從中取玉石。

　　第三，玉石挖掘的勞資關係可分爲獨立作業與團體共挖。獨立作業者，挖掘玉石過程中的各種花費要自行負擔，但挖獲玉石可以獨享；團體共挖則是一種勞資合作方式，由老闆聘請礦工挖玉石，並給予薪資。若挖獲玉石，老闆可取一半的玉石，另一半的玉石由礦工均分；若未挖獲玉石，老闆依然要給工資予礦工，而礦工無須再負擔其他費用。

　　第四，中緬玉石貿易陸路運輸路線，十九世紀以前華人多循著大盈江——太平江谷地周邊的三條交通路線前往蠻莫（今八莫）購買玉石；清緬戰爭後的十九世紀，華人赴緬購買玉石的路線新增了經古永、密支那至猛拱的路線，英國在緬甸建設的鐵路延伸至密支那後，這條路線日漸成為玉石的主要陸路運輸路線。

　　第五，稅務方面，依據尹明德的調查，二十世紀前期英國針對緬甸霧露河玉石廠實施包崗制。實施方式，英國政府將收稅權力外包給包稅商，每三年公開標售收稅權，而承攬包收者，多是雲南騰衝地區的鉅商。收稅方式，包稅商在猛拱關帝廟設立稅崗所，向自霧露河運玉石而來的商隊收取稅金。繳稅後的玉石才可自由買賣。而包稅商承攬收稅，並不只是為了承抽稅金獲利，也為了第一時間收購美玉。

　　第六，十八世紀末中國官方文獻有緬甸玉石運銷至廣東的紀錄，而運輸的路徑可能是經由海路；十九世紀後期起，史料文獻中開始有緬甸玉石大多透過海路，經漾貢（今仰光）、檳榔嶼、新嘉坡等地，運輸至中國沿海各口岸，經由陸路運往騰越的玉石已經是相對少數的相關紀錄。

　　第七，從中國海關報告統計資料可得知，1870 至 1946 年中國進口的洋貨玉石，九成以上是經由沿海口岸進口，經由內陸口岸進口的數量僅佔進口總量的百分之七，其中，歷年總進口量由多至少分別為廣州、騰越、上海、天津等口岸。而中國所進口的洋貨玉石主要來源地區，依據中國海關統計表的選項，1902 至 1931 年主要是香港與印度，由於當時緬甸歸英屬印度管轄，因此這三十年間中國自印度進口的洋貨玉石可能來自於緬甸；1932 至 1947 年則是緬甸、關東租借地，以及香港。

　　以上是本研究透過相關的史料文獻，整理並發現的十九至二十世紀前期中緬玉石貿易的開採、交易與運輸所呈現的發展脈絡。這樣的脈絡發展，與同時期的雲南社會經濟發展、緬甸政局發展、英國勢力在緬甸的勢力發展，以及中緬貿易發展歷程有關係。

　　史料文獻中的產地部分，各個時期的文獻對於緬甸玉石產地的描述並不相同，整體而言，愈接近近代，文獻中所描述的緬甸玉石產地就愈接近現代所認知的緬甸玉石產地——霧露河流域各廠口。文獻中描述的緬甸玉石產地，包括蠻莫、猛拱等地，皆非產玉石之地，但都是上緬甸的水路、陸路交通要地，其中蠻莫更是滇緬貿易的重要城市。因此可以判定，文獻中所描述

的玉石產地，實際上是華人進入緬甸購買玉石的交易地點，而華人交易地點由蠻莫擴散至猛拱的過程，可視為華人深入克欽山區的歷程。

　　交易地點的變遷，與華人在滇緬間運輸玉石的路線變遷有關。約莫十九世紀以前，滇緬貿易主要自騰越出發，大致依循著大盈江——太平江谷地至蠻莫，再向南沿著伊洛瓦底江前往緬京地帶，對於緬甸北部的克欽山區，此時期的華人尚未能克服對當地克欽族與瘴氣的恐懼。清緬戰爭期間，傅恆在克欽山區的軍事行動，替華人探明的道路，在清緬封貢關係建立後，漸有華人克服恐懼，開始沿著傅恆行軍的路線，即古永——密支那——猛拱的路徑深入產玉的克欽山區交易玉石。十九世紀中葉發生雲南回變，動亂後雲南西部地區已是荒蕪殘破。為了生計，開始有華人經由猛拱，繼續深入至霧露河流域交易玉石，甚至已開始參與挖掘玉石。十九世紀末，隨著英國勢力全面掌控克欽地區，英國在緬甸的鐵路建設也隨之向北延伸至猛拱、密支那，間接地促使古永——密支那——猛拱這條運輸玉石路線的發展，而在同一時期，中國與英國簽訂的《中英續議滇緬界務商務條款》中對於滇緬貿易以及華人在緬甸的各種商業優惠，也是促使此後的二十世紀前期華人大量進入緬甸霧露河玉石礦區交易與開採玉石的一大拉力。

　　雖然到了十九世紀後期，滇緬之間已經形成了多條自騰越通往霧露河玉石產地的道路，但在日後的中緬玉石貿易當中，這些陸路運輸路線已顯得次要，大多數銷往中國的霧露河玉石，已大多數經由海路運往中國沿海各埠，形成了「近世海道便捷，故美玉之至滇南者寥寥無幾」的局面，而形成這一局面的因素主要有二，一是滇緬道路的交通與治安狀況影響因素，一是英國在緬甸的交通建設影響因素。

　　滇緬道路的交通與治安狀況影響因素。從第三章第二節的論述可得知，十九世紀時滇緬間的交通路線已有多條，然而這些道路直到二十世紀初僅能供駝獸行走，運量自然較少。除此之外，雲南回變期間，無論是清軍還是回軍，都曾對來往於滇緬之間的駝商隊進行劫掠。依據十九世紀末中國官紳針對滇緬邊區的調查報可得知，在回變結束後，滇緬道路的治安十分堪慮，來往於滇緬間的駝商隊時常遭遇克欽族或土匪的劫掠。這些因素，使得十九至二十世紀前期的中緬玉石貿易陸路途徑顯得危險。

　　英國在緬甸的交通建設影響因素。相較之下，英國自 1862 年正式取得下緬甸後，積極建設緬甸南北縱貫鐵路、開發伊洛瓦底江航運。1869 年，英

國的輪船航線已延伸至八莫，1898 年鐵路也已延伸至猛拱與密支那等地。自 1869 年蘇伊士運河開通後，輪船逐漸取代帆船，成爲世界海運的主力，中國與緬甸間的海上交通航程因而得以縮短。這些因素，使得原已滇緬陸路爲主要途徑的中緬貿易，在十九世紀後期轉爲以海路爲主的模式。產於霧露河流域的玉石，因而能夠藉由便捷的江運與鐵路運抵江口後，再透過海路運至中國沿海各埠。

　　十九世紀後期至二十世紀前期的中緬玉石貿易的水路運輸路徑。玉石自霧露河流域運出後首先到達猛拱。到達猛拱後再經由水運或鐵路轉運至緬京地區後再轉運至仰光，抑或是直接運至仰光，再經由海運運至中國沿海各埠。十九世紀後期，閩粵帆船與輪船穿梭於中國與緬甸間的東南亞各港埠，因此他們所停靠的東南亞各埠皆有可能是緬甸玉石的交易地點。從中國海關資料中的洋貨玉石進口來源地可得知，新加坡曾經轉口爲數不少的洋貨玉石，這些玉石可能來自於緬甸。

　　緬甸玉石經由海路運至中國後的主要目的地，透過 1870 年至 1946 年中國海關統計資料可得知，主要是廣州、騰越、上海、天津等口岸。若將廣州、上海與天津歸類爲沿海口岸，騰越歸類爲內陸口岸來做比對可發現，自 1870 年起，中國所進口的洋貨玉石，有九成以上是經由海路運抵中國沿海，而只有不到一成是經由陸路運抵騰越。沿海口岸中，廣州是最早有洋貨玉石進口紀錄的口岸，也是歷年進口洋貨玉石最多的口岸。約莫 1880 年起，天津、上海等口岸陸續有洋貨玉石進口的紀錄。至於騰越，要到 1902 年開埠後才有洋貨玉石的進口紀錄。

　　中國海關對於洋貨玉石來源地的紀錄始於 1902 年。這些資料比對後可發現，緬甸玉石運往中國的路徑有二，一是透過陸運運至騰越，一是經由海運運至香港後，再轉運至中國沿海各埠。1932 年起中國海關資料始有中國自緬甸進口洋貨玉石的確切數據。透過這些數據可以確定最晚在 1932 年起已有爲數不少的洋貨玉石經由海路，自緬甸直接運抵中國沿海各埠。1942 年後，由於日軍入侵緬甸，使得緬甸與中國的玉石貿易近乎斷絕，直到 1946 年才逐漸恢復。

參考文獻

壹、中文文獻史料

一、官方文書

1. 〔清〕王先謙，《東華續錄》，收入《續修四庫全書》，上海：上海古籍出版社，1995。

2. 〔清〕岑毓英，《岑襄勤公奏稿》，臺北：成文出版社，光緒 23 年刻本，1969。

3. 〔清〕岑毓英，〈滇督岑毓英奏英員馬嘉禮在緬滇交界被戕一案現在拿辦情形摺〉，收入〔清〕王彥威、〔清〕王亮編，《清季外交史料》冊 1 卷 1，臺北：文海出版社，1964。

4. 〔清〕李侍堯，〈雲貴總督李侍堯奏陳緬甸邊務事〉，收入國立故宮博物院編，《宮中檔乾隆朝奏摺》輯 38，臺北：國立故宮博物院，1988。

5. 〔清〕阿里袞，〈阿里袞奏請定姦民販貨出緬之罪以重軍紀摺〉，收入國立故宮博物院編，《宮中檔乾隆朝奏摺》輯 31，臺北：國立故宮博物院，1988。

6. 〔清〕張允隨，《張允隨奏稿》，收入方國瑜主編，《雲南史料叢刊》卷 8，昆明：雲南大學出版社，1998。

7. 〔清〕彰寶，〈雲貴總督彰寶等奏報雲南永昌等三府稅課虧短實況事〉，收入國立故宮博物院編，《宮中檔乾隆朝奏摺》輯 34，臺北：國立故宮博物院，1988。

8. 黃彰健校勘，《明孝宗實錄》，臺北：中央研究院歷史語言研究所，國立北平圖書館紅格鈔本微縮影印，1964。

二、檔案、調查報告

1. 《外交部》檔案，〈滇緬北段界務調查報告〉，中央研究院近代史研究所檔案館藏，館藏號：11-29-11-09-043。

2. 《總理各國事務衙門》檔案，〈中英緬甸條約附款暨專條〉，中央研究院近

代史研究所檔案館藏，館藏號：01-21-065-04-005。

3. 《總理各國事務衙門》檔案，〈中英緬甸條款〉，中央研究院近代史研究所檔案館藏，館藏號：01-21-064-07-002。

4. 《總理各國事務衙門》檔案，〈第十六號續議商務專條〉，中央研究院近代史研究所檔案館藏，館藏號：01-24-035-02-002。

5. 《總理各國事務衙門》檔案，〈煙臺條約續增專條〉，中央研究院近代史研究所檔案館藏，館藏號：01-21-033-04-001。

6. 《總理各國事務衙門》檔案，〈續議滇緬界務商務條款〉，中央研究院近代史研究所檔案館藏，館藏號：01-23-001-01-002。

三、地方志

1. 〔明〕劉文徵，《滇志》，收入《續修四庫全書》冊 681-682，上海：古籍出版社，北京大學圖書館藏清抄本，1997。

2. 〔明〕謝肇淛，《滇略》，收入《景印文淵閣四庫全書》冊 494，臺北：臺灣商務印書館，國立故宮博物院藏本，1983。

3. 〔清〕丁煒，《雲南通志》，收入《北京圖書館古籍珍本叢刊》冊 44，北京：書目文獻出版社，康熙 30 年刻本，1997。

4. 〔清〕寸開泰，《騰越鄉土志》，北京：國家圖書館出版社，傳抄清光緒本，2011。

5. 〔清〕李文淵，《永昌府志》，收入《上海圖書館藏稀見方志叢刊》冊 226-227，北京：國家圖書館出版社，康熙 41 年刻本，2011。

6. 〔清〕宣世濤，《永昌府志》，收入《復旦大學圖書館藏稀見方志叢刊》冊 52，北京：國家圖書館出版社，乾隆 50 年刻本，2010。

7. 〔清〕唐炯，《續雲南通志稿》，臺北：文海出版社，光緒 27 年四川岳池縣刊本，1966。

8. 〔清〕屠述濂，《騰越州志》，臺北：成文出版社，乾隆 55 年刊本、光緒 23 年重刊本，1967。

9. 〔清〕靖道謨，《雲南通志》，收入《文淵閣四庫全書》冊 569-570，臺北：臺灣商務印書館，國立故宮博物院藏本，1983。

10. 〔清〕劉毓珂，《永昌府志》，臺北：成文出版社，光緒 11 年刊本，1967。

11. 〔清〕檀萃，《滇海虞衡志》，臺北：華文出版社，嘉慶 4 年刊本、1929 年國學圖書館鉛印本，1969。

12. 周鍾嶽等，《新纂雲南通志》，南京：鳳凰出版社，1949 年鉛印本，2009。

四、日記、遊記、著作

1. 〔元〕汪大淵著；蘇繼廎校譯，《島夷志略》，北京：中華書局，2000。

2. 〔明〕朱孟鎮，《西南夷風土記》，臺北：廣文書局，1969。

3. 〔清〕王芝，《海客日譚》，臺北：文海出版社，光緒 2 年石城刊本，1985。

4. 〔清〕王昶，〈征緬紀略〉，收入〔清〕王錫祺編，《小方壺齋輿地叢鈔》帙 10 冊 52，臺北：廣文書局，光緒 17 年上海著易堂鉛印本，1962。

5. 〔清〕王家賓，〈縷陳騰越所屬七土司及一帶野山利弊情形〉，收入〔清〕姚文棟編，《集思廣益編》卷 2，臺北：文海出版社，清光緒間刊本，1985。

6. 〔清〕吳其楨，〈緬甸圖說〉，收入〔清〕王錫祺編，《小方壺齋輿地叢鈔》再補編帙 10，臺北，廣文書局，1962。

7. 〔清〕阮元，〈翡翠玉效樂天樂府〉，收入〔清〕阮元，《揅經室集》續集卷 9，臺北：臺灣商務印書館，四部叢刊景道光本，1967。

8. 〔清〕袁文揆，《滇南文略》，收入王德毅主編，《叢書集成》冊 120-121，臺北：新文豐出版公司，雲南叢書本排印，1989。

9. 〔清〕曹琨，《騰越杜亂紀實》，收入李根源輯，《西南稀見叢書文獻》卷 3，北京：學苑出版社，騰衝李氏曲石精廬民國 17 年印本，2009。

10. 〔清〕陳鼎，《滇黔紀遊》，合肥：黃山書社，康熙刻說鈴本，2009。

11. 〔清〕陳還，〈縷陳緬甸近年情形〉，收入〔清〕姚文棟編，《集思廣益編》卷 1，臺北：文海出版社，清光緒間刊本，1985。

12. 〔清〕彭崧毓，《緬述》，收入《百部叢書集成問影樓輿地叢書》，臺北：藝文印書館，清光緒胡思敬校刊本，1967。

13. 〔清〕黃懋材，〈西輶日記〉，收入〔清〕王錫祺編，《小方壺齋輿地叢鈔》帙 10 冊 54，臺北：廣文書局，光緒 17 年上海著易堂鉛印本，1962。

14. 〔清〕劉崑，《南中雜說》，上海：商務印書館，叢書集成初編本，1936。

15. 〔清〕薛福成，《出使日記續刻》，臺北：華文書局，國立臺灣大學圖書館所藏清光緒 24 年刊本，1968。

16. 〔清〕薛福成，《出使英法義比四國日記》，臺北：文海出版社，光緒 18 年鉛印本，1985。

17. 〔清〕闕名，〈緬藩新紀〉，收入〔清〕王錫祺編，《小方壺齋輿地叢鈔》帙 10 冊 52，臺北：廣文書局，光緒 17 年上海著易堂鉛印本，1962。

18. 尹明德，《雲南北界勘察記》，臺北：華文書局，民國 22 年鉛印本，1969。

19. 尹家令，〈橘庵漫稿〉，收入李根源等纂，《永昌府文徵》紀載卷 28，臺北：傅斯年圖書館古籍線裝書，1941～1942 年李根源排印本。

20. 周光倬著；周潤康整理，《1934～1935 中緬邊界調查日記》，南京：鳳凰出版社，2015。

21. 徐宗穉，〈玉石廠記〉，收入李根源等纂，《永昌府文徵》文錄卷 30，臺

北：傅斯年圖書館古籍線裝書，1941～1942 年李根源排印本。

22. 張印堂，《滇西經濟地理》，昆明：國立雲南大學西南文化研究室，1943。

五、史料彙編

1. 中研院史語所編，《明清史料》，臺北：中央研究院歷史語言研究所，1999。

2. 中國第一歷史檔案館編，《乾隆朝上諭檔》冊 8，北京：檔案出版社，1991。

3. 中國第二歷史檔案館、中國海關總署辦公廳編，《中國舊海關史料》，北京：京華出版社，2001。

4. 騰衝縣政府編，《騰衝老照片》，騰衝：雲南出版集團公司、雲南人民出版社，2010。

貳、外文文獻史料

1. Michael Symes, *An Account of an Embassy to the Kingdom of Ava, Sent by the Governor-general of India, in the Year 1795*（London: printed by W. Bulmer and Co; and sold by Messrs. G. and W. Nicol; and J. Wright, 1800）.

2. John Crawfurd, *Journal of an Embassy from the Governor General of India to the Court of Ava in the Year 1827*（Cambridge: Cambridge University Press, 2012）.

3. Yule Henry, *A Narrative of the Mission Sent by the Governor-general of India to the Court of Ava in 1855, with Notices of the Country, Government, and People*（London: Smith Elder and Co, 1858）.

參、近人著作

一、專　書

1. 〔英〕哈威著；姚枬譯註，《緬甸史》，北京：商務印書館，1957。

2. 〔英〕維多‧巴素（Victor Purcell）著；郭湘章譯，《東南亞之華僑》，臺北：國立編譯館出版；正中書局印行，1966。

3. 牛秉鉞，《翡翠史話》，北京：紫禁城出版社，1994。

4. 王樹槐，《咸同雲南回民事變》，臺北：中央研究院近代史研究所，1980。

5. 何應欽，《八年抗戰》，臺北：國防部，1982。

6. 余定邦、喻常森等，《近代中國與東南亞關係史》，廣州：中山大學出版社，1999。

7. 李中清著；林文勛等譯，《中國西南邊疆的社會經濟：1250～1850》，北京：人民出版社，2012。

8. 李珪主編，《雲南近代經濟史》，昆明：雲南民族出版社，1995。

9. 林惠祥,《中國民族史》,臺北:臺灣商務印書館,1983。

10. 林惠祥,《世界人種誌》,上海:上海書店,上海商務印書館1933年版,1990。

11. 夏光南,《中印緬道交通史》,上海:中華書局,1948。

12. 高偉濃,《清代華僑在東南亞:跨國遷移、經濟開發、社團沿衍與文化傳承新探》,廣州:暨南大學出版社,2014。

13. 章鴻釗,《石雅》,上海:上海書局,中央地質調查所1927年版,1990。

14. 莊國土、劉文正,《東南亞華人社會的形成與發展:華商網絡、移民與一體化趨勢》,廈門:廈門大學出版社,2009。

15. 陳國棟,《東亞海域一千年》,臺北:遠流出版社,2013。

16. 陳鴻瑜,《緬甸史》,臺北:臺灣商務印書館,2016。

17. 陸韌,《雲南對外交通史》,昆明:雲南大學出版社及雲南人民出版社,2011。

18. 華僑志編纂委員會,《緬甸華僑志》,臺北:華僑志編纂委員會,1967。

19. 賀聖達,《緬甸史》,北京:人民出版社,1992。

20. 雲南省立昆華民眾教育館編,《雲南邊地問題研究》,昆明:雲南省立昆華民眾教育館,1933。

21. 黃嘉謨,《滇西回民政權的聯英外交》,臺北:中央研究院近代史研究所,1976。

22. 楊煜達,《乾隆朝中緬衝突與西南邊疆》,北京:社會科學文獻出版社,2014。

23. 董曉京,《騰衝商幫》,昆明:雲南人民出版社,2013。

24. 鄭天挺主編,《清史‧上編》,天津:天津人民出版社,2011。

25. 謝本書等,《雲南近代史》,昆明:雲南人民出版社,1993。

26. 聶德寧,《近現代中國與東南亞經貿關係史研究》,廈門:廈門大學出版社,2001。

二、論 文

1. 〔俄〕莫熱伊科、烏季諾夫著;黃祖文譯,〈緬甸史(1733～1885)〉,收入黃祖文編譯,《緬甸史譯叢》,新加坡:南洋學會,1984。

2. K. Khine Kyaw, *History of Myanmar Jade*(Graduate Thesis of Yangon University, 2008).

3. Max E. Fletcher, "The Suez Canal and World Shipping, 1869-1914," *The Journal of Economic History*, 18:4(Dec 1958), pp. 556-573.

4. 牛鴻斌,〈近代雲南的外遷移民〉,《思想探索》6(昆明,1998),頁79

　　～83。

5. 王文景，〈基於翡翠的傳播話黃龍玉的研究和開發〉，《保山學院學報》5（保山，2011），頁105～108。

6. 王春雲，〈古代玉符之說與翡翠早期應用歷史探討〉，《寶石和寶石學雜志》2（武漢，2003），頁15～21。

7. 王春雲，〈有關翡翠輸入中國傳說的考證與科學性分析〉，《超硬材料與寶石》15：49（桂林，2003），頁45～49。

8. 丘志力、吳沫、谷嫻子、楊萍、李榴芬，〈從傳世及出土翡翠玉器看國我清代翡翠玉料的使用〉，《寶石與寶石學雜誌》10：4（武漢，2008），頁34～38。

9. 田汝康，〈十七世紀至十九世紀中葉中國帆船在東南亞洲航運和商業上的地位〉，收入龔纓晏主編，《20世紀中國「海上絲綢之路」研究集萃》，杭州：浙江大學出版社，2011。

10. 李晨陽、楊祥章，〈近代雲南與緬甸的貿易往來及其影響〉，《中國邊疆史地研究》23：1（北京，2013），頁75～85。

11. 肖彩雅，〈19世紀初至20世紀初緬甸華僑社會的變遷〉，廈門：廈門大學南洋研究院碩士論文，2009。

12. 林錫星，〈廣東在中緬經貿關系中的作用〉，《東南亞研究》Z1（廣州，2000），頁50～58。

13. 曹英，〈兩難的抉擇：晚清中英關於香港在中國沿海貿易中的地位之爭〉，《近代史研究》4（北京，2007），頁109～119。

14. 陸韌，〈現代西方學術視野中的中國西南邊疆史研究〉，收入陸韌編，《現代西方學術視野中的中國西南邊疆史》，昆明：雲南大學出版社，2007，頁1～39。

15. 馮立軍，〈20世紀初以前華僑移民緬甸述略——兼論緬甸華僑社會的形成〉，《南洋問題研究》4（廈門，2008），頁48～56。

16. 馮立軍，〈論明至清中葉滇緬貿易與管理〉，《南洋問題研究》3（廈門：2005），頁80～88。

17. 黃祖文，〈英國征服前夕緬甸的國家制度〉，收入黃祖文編譯，《緬甸史譯叢》，新加坡：南洋學會，1984。

18. 黃素芳，〈對雲南騰衝人出國的歷史考察〉，《東南亞南亞研究》4（昆明，2006），頁58～64。

19. 楊伯達，〈勐拱翡翠流傳沿革考〉，《中國歷史文物》3（北京，2005），頁4～17。

20. 楊伯達，〈從文獻記載考翡翠在中國的流傳〉，《故宮博物院院刊》2（北京，2002），頁12～24。

21. 楊伯達，〈清代宮廷玉器〉，《故宮博物院院刊》1（北京，1982），頁 49 ～61。

22. 楊伯達，〈清代造辦處的「恭造式樣」〉，《上海工藝美術》4（上海，2007），頁 14～15。

23. 楊伯達，〈清宮舊藏翡翠器簡述〉，《故宮博物院院刊》6（北京，2000），頁 40～44。

24. 楊萍，〈清代翡翠玉文化的形成和傳播研究〉，廣州：中山大學地球科學與地質工程學院碩士論文，2009。

25. 楊煜達，〈試析近代滇西商品經濟的發展和影響〉，《保山師專學報》19：2（保山，2000），頁 44～48。

26. 楊維眞，〈商埠、鐵路、文化交流——以近代雲南爲中心的探討〉，《輔仁歷史學報》24（新北，2009），頁 93～115。

27. 蘇秋月，〈近代雲南與東南亞的絲棉貿易〉，《東南亞南亞研究》3（昆明，2010），頁 78～82。

三、網路資料

1. 張雯勤，〈夢想與毀滅之域：看趙德胤的《翡翠之城》〉，引自「芭樂人類學」，網址：http://guavanthropology.tw/article/6538，擷取日期：2016/11/12。

四、工具書

1. 姚南主編，《東南亞歷史辭典》，上海：上海辭書出版社，1995。

2. 陳佳榮、謝方、陸峻嶺編，《古代南海地名匯釋》，北京：中華書局，1986。

附　錄

猛拱關帝廟石碑內文 〔註1〕

　　猛拱位於大金沙江之西，爲蠻邦瘴癘之鄉，然在朱明之世，已隸
版籍。清乾隆三十四年，大學士傅恆以經略征緬甸，猛拱土司渾
覺貢珍異，負弩矢前驅，傅公奏請頒給渾覺宣撫司印綬，渾覺既
力戰著勳績，事班班載史乘。野人山產寶玉，至珍異，猛拱爲玉
石廠總匯，采運玉石者，在康雍朝，尚未敢歷險涉廠地。迨乾隆
初元，玉石廠始有漢人足跡，故我騰越之人，采山而求瓌寶者，
數百年來，咸居於猛拱焉。居之久而聚落以成，不能無里社，於
是有關帝廟之建立，蓋漢人崇拜英雄，凡會館公所，往往塑像祀
之，其風徧天下，由來尚矣。廟居猛拱中心，林木嘉暢，蠻花狁
鳥，與山水相輝映，凡客猛拱者，皆樂居於是，不獨春秋報賽，
爲簫鼓牲禮之會而已。民國十有六年，淫雨匝旬，江水溢，猛拱
全境匯成澤國，崩壁壞棟者相望，廟乃爲墟。鄉人李壽育（本仁）、
張蘭亭（成芝），客猛拱最久，乃慨然曰：「我先人蒙犯霧雨以啟山
林，荷神之庥，神嗜飲食，乃世獲祐，今其可以及吾儕之身而湮

―――――――――――――
〔註1〕 尹明德，《雲南北界勘察記》卷1，臺北：華文書局，民國22年鉛印本，1969，
　　　頁20～21。此碑文的撰寫者爲「內兄印泉先生」，印泉即是李根源的字號（字
　　　印泉，又字養溪、雪生，號曲石，雲南騰衝人。近代名士，國民黨元老，中
　　　華民國政治家、軍事將領。曾任眾議院議員、航空署督辦、陝西省長、農商
　　　總長、善後會議員兼代國務總理、雲南貴州監察區監察使等職。參考自周光
　　　倬著：周潤康整理，《1934～1935 中緬邊界調查日記》，南京：鳳凰出版社，
　　　2015，頁1。）。文中括弧內文字是原作者所寫。

替不復，關廟之修，其可弛乎？」。乃首捐巨款爲之倡。旅緬華洪盛祥、寶濟和、寶隆璋、張采臣、鄧心齋、張魯卿、李沛生、黃永湘、朱芹生諸君，各醵其所贏以襄成之。鳩工飭材，徒作謹諜，不數月而告落成。邃宇高牆，既崇既完，有殿有堂，有廡有樓，行李往來，復得棲息，芻薪脯糗，儲偫罔缺。而華僑小學校，亦附庸於其中，規制宏大，度越前績。李、張二君經始之功，不亦優乎。庚午初夏，段子讓（家興）、聿來姑胥，盛贊其事，復恐茲事之久而湮也，請余爲之記。余竊有感夫緬甸、木邦、猛密、猛養，向者皆吾華藩屬，歲時貢獻，懷柔震疊，以表南海，豈獨猛拱而已。自王澤不及遠，狡焉者始伸足無人之境，渙食吾之疆土，日蹙百里，而至於今，讀王靖遠誓江之辭，不禁愴然涕數行下也。諸君僑居猛拱，獨能守前人之緒，歲時伏臘，鄉社雞豚，全境雖淪於左衽，而此一席香火地，尚能保持勿墜，抑使千載而下，令人復見漢官之儀，是殆大易所謂碩果者非耶。所願後之人，深念前世創造之艱棘，今日繼志之劬劬，東望神皋，西瞻戎索，時思所以光大而發揮之，不使隨蠻烟瘴雨以俱泯沒，此則余之深望也夫。

民國十九年庚午四月

進口洋貨玉石主要海關進口數值彙整

表 7-1　津海關歷年洋貨玉石進口數值彙整（1869～1918）

TIENTSIN
津海關（天津）

TRADE IN FOREIGN GOODS. – Imports and Re-exports（Jadestone）
洋貨貿易－進口和轉口（玉石）

數量單位：Piculs（擔）

價值單位：Hai Kuan Taels（海關兩）

年度	IMPORTS FROM FOREIGN COUNTRIES. 由外洋進口		IMPORTS FROM HONG KONG AND CHINESE PORTS. 由香港及通商口岸進口		RE-EXPORTS TO FOREIGN COUNTRIES. 復往外洋		RE-EXPORTS TO CHINESE PORTS AND HONG KONG. 復往通商口岸及香港		NET TOTAL IMPORTS. 共計進口淨值	
	Quantity. 數量	Value 價值	Quantity. 數量	Value 價值	Quantity. 數量	Value 價值	Quantity. 數量	Value 價值	Quantity. 數量	Value 價值
1869	—	—	—	—	—	—	—	—	—	—
1870	—	—	—	—	—	—	—	—	—	—
1871	—	—	—	—	—	—	—	—	—	—
1872	—	—	—	—	—	—	—	—	—	—

年度	IMPORTS FROM FOREIGN COUNTRIES. 由外洋進口		IMPORTS FROM HONG KONG AND CHINESE PORTS. 由香港及通商口岸進口		RE-EXPORTS TO FOREIGN COUNTRIES. 復往外洋		RE-EXPORTS TO CHINESE PORTS AND HONG KONG. 復往通商口岸及香港		NET TOTAL IMPORTS. 共計進口淨值	
	Quantity. 數量	Value 價值	Quantity. 數量	Value 價值	Quantity. 數量	Value 價值	Quantity. 數量	Value 價值	Quantity. 數量	Value 價值
1873	—	—	—	—	—	—	—	—	—	—
1874	—	—	—	—	—	—	—	—	—	—
1875	—	—	—	—	—	—	—	—	—	—
1876	—	—	—	—	—	—	—	—	—	—
1877	—	—	—	—	—	—	—	—	—	—
1878	—	—	—	—	—	—	—	—	—	—
1879	—	—	4.47	1425	—	—	—	—	4.47	1425
1880	—	—	—	—	—	—	—	—	—	—
1881	—	—	7.74	2975	—	—	—	—	7.74	2975
1882	—	—	—	—	—	—	—	—	—	—
1883	—	—	—	—	—	—	—	—	—	—
1884	—	—	—	—	—	—	—	—	—	—
1885	—	—	—	—	—	—	—	—	—	—
1886	—	—	—	—	—	—	—	—	—	—

年度	IMPORTS FROM FOREIGN COUNTRIES. 由外洋進口		IMPORTS FROM HONG KONG AND CHINESE PORTS. 由香港及通商口岸進口		RE-EXPORTS TO FOREIGN COUNTRIES. 復往外洋		RE-EXPORTS TO CHINESE PORTS AND HONG KONG. 復往通商口岸及香港		NET TOTAL IMPORTS. 共計進口淨值	
	Quantity. 數量	Value 價值	Quantity. 數量	Value 價值	Quantity. 數量	Value 價值	Quantity. 數量	Value 價值	Quantity. 數量	Value 價值
1887	—	—		—	—	—	—	—	—	—
1888	—	—		—	—	—	—	—	—	—
1889	—	—		—	—	—	—	—	—	—
1890	—	—		—	—	—	—	—	—	—
1891	—	—		—	—	—	—	—	—	—
1892	—	—		—	—	—	—	—	—	—
1893	—	—		—	—	—	—	—	—	—

表 7-1　津海關歷年洋貨玉石進口數值彙整（1869～1918）（續）

TIENTSIN
津海關（天津）

TRADE IN FOREIGN GOODS.—Imports and Re-exports（Jadestone）
洋貨貿易—進口和轉口（玉石）（續）

數量單位：Piculs（擔）

價值單位：Hai Kuan Taels（海關兩）

年度	IMPORTS FROM FOREIGN COUNTRIES AND HONG KONG. 由外洋及香港進口		IMPORTS FROM CHINESE PORTS. 由通商口岸進口		RE-EXPORTS TO FOREIGN COUNTRIES AND HONG KONG. 復往外洋及香港		RE-EXPORTS TO CHINESE PORTS. 復往通商口岸		NET TOTAL IMPORTS. 共計進口淨值	
	Quantity. 數量	Value 價值	Quantity. 數量	Value 價值	Quantity. 數量	Value 價值	Quantity. 數量	Value 價值	Quantity. 數量	Value 價值
1894	3.47	1268	—	—	—	—	—	—	3.47	1268
1895	596.16	2216	1.45	840	—	—	—	—	597.61	3056
1896	—	—	—	—	—	—	—	—	—	—
1897	—	—	—	—	—	—	—	—	—	—
1898	—	—	—	1440	—	—	—	—	—	1440
1899	—	—	—	—	—	—	—	—	—	—

年度	IMPORTS FROM FOREIGN COUNTRIES AND HONG KONG 由外洋及香港進口		IMPORTS FROM CHINESE PORTS 由通商口岸進口		RE-EXPORTS TO FOREIGN COUNTRIES AND HONG KONG 復往外洋及香港		RE-EXPORTS TO CHINESE PORTS 復往通商口岸		NET TOTAL IMPORTS 共計進口淨值	
	Quantity 數量	Value 價值	Quantity 數量	Value 價值	Quantity 數量	Value 價值	Quantity 數量	Value 價值	Quantity 數量	Value 價值
1900	—		12	1902	—	—	—	—	12	1902
1901	—		—	—	—	—	—	—	—	—
1902	—		3	1455	—	—	—	—	3	1455
1903	—		—	—	—	—	—	—	—	—
1904	—		—	—	—	—	—	—	—	—
1905	—		—	—	—	—	—	—	—	—
1906	—		—	—	—	—	—	—	—	—
1907	—		—	—	—	—	—	—	—	—
1908	—		—	—	—	—	—	—	—	—
1909	—		—	—	—	—	—	—	—	—
1910	—		—	—	—	—	—	—	—	—
1911	—		—	—	—	—	—	—	6	1206
1912	—		—	—	—	—	—	—	—	—
1913	—		—	—	—	—	—	—	2	808

中緬玉石貿易的研究：開採、交易與運輸之探討（1790～1946）

年度	IMPORTS FROM FOREIGN COUNTRIES AND HONG KONG. 由外洋及香港進口		IMPORTS FROM CHINESE PORTS. 由通商口岸進口		RE-EXPORTS TO FOREIGN COUNTRIES AND HONG KONG. 復往外洋及香港		RE-EXPORTS TO CHINESE PORTS. 復往通商口岸		NET TOTAL IMPORTS. 共計進口淨值	
	Quantity. 數量	Value 價值	Quantity. 數量	Value 價值	Quantity. 數量	Value 價值	Quantity. 數量	Value 價值	Quantity. 數量	Value 價值
1914	—	—	—	—	—	—	—	—	—	—
1915	—	—	—	—	—	—	—	—	—	—
1916	—	—	2	2250	—	—	—	—	2	2250
1917	—	—	—	—	—	—	—	—	—	—
1918	—	—	—	—	—	—	—	—	—	—

註1：此表係筆者參考以下數據來源之數據另行整理而成。

註2：津海關根據1861年《中英北京條約》設立。

數據來源：1869年至1918年中國海關報告統計資料（中國第二歷史檔案館、中國海關總署辦公廳編，《中國舊海關史料》冊4-83，
北京：京華出版社，2001）。

表 7-2　江海關歷年洋貨玉石進口數值彙整（1869～1918）

SHANGHAI
江海關（上海）

TRADE IN FOREIGN GOODS.—Imports and Re-exports（Jadestone）
洋貨貿易—進口和轉口（玉石）

數量單位：Piculs（擔）

價值單位：Hai Kuan Taels（海關兩）

年度	IMPORTS FROM FOREIGN COUNTRIES. 由外洋進口		IMPORTS FROM HONG KONG AND CHINESE PORTS. 由香港及通商口岸進口		RE-EXPORTS TO FOREIGN COUNTRIES. 復往外洋		RE-EXPORTS TO CHINESE PORTS AND HONG KONG. 復往通商口岸及香港		NET TOTAL IMPORTS. 共計進口淨值	
	Quantity. 數量	Value 價值	Quantity. 數量	Value 價值	Quantity. 數量	Value 價值	Quantity. 數量	Value 價值	Quantity. 數量	Value 價值
1869	－	－	－	－	－	－	－	－	－	－
1870	－	－	－	－	－	－	－	－	－	－
1871	－	－	－	－	－	－	－	－	－	－
1872	－	－	－	－	－	－	－	－	－	－
1873	－	－	－	－	－	－	－	－	－	－
1874	－	－	－	－	－	－	－	－	－	－

中緬玉石貿易的研究：開採、交易與運輸之探討（1790～1946）

年度	IMPORTS FROM FOREIGN COUNTRIES. 由外洋進口		IMPORTS FROM HONG KONG AND CHINESE PORTS. 由香港及通商口岸進口		RE-EXPORTS TO FOREIGN COUNTRIES. 復往外洋		RE-EXPORTS TO CHINESE PORTS AND HONG KONG. 復往通商口岸及香港		NET TOTAL IMPORTS. 共計進口淨值	
	Quantity. 數量	Value 價值	Quantity. 數量	Value 價值	Quantity. 數量	Value 價值	Quantity. 數量	Value 價值	Quantity. 數量	Value 價值
1875	ー	ー	ー	ー	ー	ー	ー	ー	ー	ー
1876	ー	ー	ー	ー	ー	ー	ー	ー	ー	ー
1877	ー	ー	ー	ー	ー	ー	ー	ー	ー	ー
1878	ー	ー	ー	ー	ー	ー	ー	ー	ー	ー
1879	ー	ー	ー	ー	ー	ー	ー	ー	ー	ー
1880	ー	ー	ー	ー	ー	ー	ー	ー	ー	ー
1881	ー	ー	ー	ー	ー	ー	ー	ー	ー	ー
1882	ー	ー	ー	ー	ー	ー	ー	ー	ー	ー
1883	ー	ー	ー	ー	ー	ー	ー	ー	ー	ー
1884	ー	ー	ー	ー	ー	ー	ー	ー	ー	ー
1885	ー	ー	ー	ー	ー	ー	ー	ー	ー	ー
1886	ー	ー	ー	ー	ー	ー	ー	ー	ー	ー
1887	ー	ー	ー	ー	ー	ー	ー	ー	ー	ー
1888	2.36	165	ー	ー	ー	ー	ー	ー	2.36	165

年度	IMPORTS FROM FOREIGN COUNTRIES. 由外洋進口		IMPORTS FROM HONG KONG AND CHINESE PORTS. 由香港及通商口岸進口		RE-EXPORTS TO FOREIGN COUNTRIES. 復往外洋		RE-EXPORTS TO CHINESE PORTS AND HONG KONG. 復往通商口岸及香港		NET TOTAL IMPORTS. 共計進口淨值	
	Quantity. 數量	Value 價值	Quantity. 數量	Value 價值	Quantity. 數量	Value 價值	Quantity. 數量	Value 價值	Quantity. 數量	Value 價值
1889	—	—	—	—	—	—	—	—	—	—
1890	11.67	29	3.07	1228	—	—	—	—	14.74	1257
1891	—	—	25.44	2865	—	—	—	—	25.44	2865
1892	—	—	65.75	2586	—	—	—	—	65.75	2586
1893	—	—	—	—	—	—	—	—	—	—

表7-2 江海關歷年洋貨玉石進口數值彙整（1869～1918）（續）

SHANGHAI
江海關（上海）

TRADE IN FOREIGN GOODS.—Imports and Re-exports（Jadestone）
洋貨貿易—進口和轉口（玉石）（續）

數量單位：Piculs（擔）
價值單位：Hai Kuan Taels（海關兩）

年度	IMPORTS FROM FOREIGN COUNTRIES AND HONG KONG. 由外洋及香港進口		IMPORTS FROM CHINESE PORTS. 由通商口岸進口		RE-EXPORTS TO FOREIGN COUNTRIES AND HONG KONG. 復往外洋及香港		RE-EXPORTS TO CHINESE PORTS. 復往通商口岸		NET TOTAL IMPORTS. 共計進口淨值	
	Quantity. 數量	Value 價值	Quantity. 數量	Value 價值	Quantity. 數量	Value 價值	Quantity. 數量	Value 價值	Quantity. 數量	Value 價值
1894	13.12	1641	—	—	—	—	—	—	13.12	1641
1895	31.63	15969	—	—	—	—	376.45	1634	—	14335
1896	35	10028	—	—	—	—	1	350	34	9678
1897	20	7077	—	—	—	—	5	1015	15	6062
1898	16	6005	—	—	—	—	6	2740	10	3265
1899	37	8750	1	548	—	—	1	480	37	8818

年度	IMPORTS FROM FOREIGN COUNTRIES AND HONG KONG. 由外洋及香港進口		IMPORTS FROM CHINESE PORTS. 由通商口岸進口		RE-EXPORTS TO FOREIGN COUNTRIES AND HONG KONG. 復往外洋及香港		RE-EXPORTS TO CHINESE PORTS. 復往通商口岸		NET TOTAL IMPORTS. 共計進口淨值	
	Quantity. 數量	Value 價值	Quantity. 數量	Value 價值	Quantity. 數量	Value 價值	Quantity. 數量	Value 價值	Quantity. 數量	Value 價值
1900	27	4056	—	—	—	—	12	1902	15	2154
1901	31	7897	—	—	—	—	—	—	31	7897
1902	35	9983	—	—	—	—	3	1276	32	8707
1903	67	23265	—	—	—	—	10	3581	57	19684
1904	5	1525	1	128	—	—	—	—	6	1653
1905	42	9188	—	—	—	—	—	—	42	9188
1906	31	5417	—	—	—	—	—	—	31	5417
1907	27	3575	—	—	—	—	4	1100	23	2475
1908	31	5994	—	—	—	—	9	1452	22	4542
1909	72	16000	—	—	—	—	—	—	72	16000
1910	84	20458	—	—	—	—	4	711	80	19747
1911	62	10413	—	—	—	—	6	1206	56	9207
1912	—	—	—	—	—	—	—	—	—	—
1913	—	—	—	—	—	—	—	—	—	—

中緬玉石貿易的研究：開採、交易與運輸之探討（1790～1946）

年度	IMPORTS FROM FOREIGN COUNTRIES AND HONG KONG 由外洋洋及香港進口		IMPORTS FROM CHINESE PORTS. 由通商口岸進口		RE-EXPORTS TO FOREIGN COUNTRIES AND HONG KONG. 復往外洋洋及香港		RE-EXPORTS TO CHINESE PORTS. 復往通商口岸		NET TOTAL IMPORTS. 共計進口淨值	
	Quantity. 數量	Value 價值	Quantity. 數量	Value 價值	Quantity. 數量	Value 價值	Quantity. 數量	Value 價值	Quantity. 數量	Value 價值
1914	5	1193	—	—	—	—	—	—	5	1193
1915	—	—	—	—	—	—	—	—	—	—
1916	14	3672	—	—	—	—	2	525	12	3147
1917	52	9103	9	1575	—	—	—	—	61	10678
1918	55	10982	6	1187	—	—	2	396	59	11773

註1：此表係筆者參考以下數據來源之數據另行整理而成。

註2：江海關設立於1684年，1854年改為洋關。

數據來源：1869年至1918年中國海關報告統計資料（中國第二歷史檔案館、中國海關總署辦公廳公廳編，《中國舊海關史料》冊 4-83，北京：京華出版社，2001）。

表 7-3　粵海關歷年洋貨玉石進口數值彙整（1869～1918）

CANTON

粵海關（廣州）

TRADE IN FOREIGN GOODS.—Imports and Re-exports（Jadestone）

洋貨貿易—進口和轉口（玉石）

數量單位：Piculs（擔）

價值單位：Hai Kuan Taels（海關兩）

年度	IMPORTS FROM FOREIGN COUNTRIES. 由外洋進口		IMPORTS FROM HONG KONG AND CHINESE PORTS. 由香港及通商口岸進口		RE-EXPORTS TO FOREIGN COUNTRIES. 復往外洋		RE-EXPORTS TO CHINESE PORTS AND HONG KONG. 復往通商口岸及香港		NET TOTAL IMPORTS. 共計進口淨值	
	Quantity. 數量	Value 價值	Quantity. 數量	Value 價值	Quantity. 數量	Value 價值	Quantity. 數量	Value 價值	Quantity. 數量	Value 價值
1869	—	—	530.92	57453	—	—	8.32	1137	522.60	56316
1870	—	—	1179.92	109066	—	—	3.87	740	1176.05	108326
1871	—	—	1731.72	135135	—	—	1390	2340	1717.82	132795
1872	—	—	1306.38	57585	0.70	79	20.42	2824	1285.26	54682
1873	—	—	1458.47	102051	—	—	42.07	7581	1416.40	94470
1874	—	—	2727.19	145990	—	—	105.68	16191	2621.51	129799

2016年赴緬考察留影

圖7-1　緬甸寶石博物館前的巨型玉石

圖片來源：筆者親自攝影

圖 7-2　仰光翁山市場的玉石商家

圖片來源：筆者親自攝影

圖 7-3　曼德勒（瓦城）玉石市場入口

圖片來源：筆者親自攝影

圖 7-4　正在檢驗玉石透明度的雕刻師

圖片來源：筆者親自攝影

圖 7-5　曼德勒（瓦城）玉石市場中的玉石雕刻師

圖片來源：筆者親自攝影

圖 7-6　曼德勒（瓦城）玉石市場中的玉石交易

圖片來源：筆者親自攝影

大事年表

年代	中緬關係 （含中英關係）	中國西南	緬 甸
1662		南明永曆皇帝朱由榔遭吳三桂自緬甸阿瓦押回昆明絞死。同年，清政府將雲貴地區交由吳三桂鎮守。〔註1〕	
1679			阿瓦的荷蘭代理商與來自雲南的中國商人展開了大規模的秘密貿易。不久荷蘭與阿瓦朝廷之間便發生了爭執，終於此年宣告破裂，代理商亦遂停止營業。緬甸政府禁止他們和中國商人直接通商。〔註2〕
1681		清政府平定三藩叛亂後，直接地統治雲貴地區。〔註3〕	
1692		清政府廢除雲貴地區的屯田制，將屯田併入民田，讓人民自由開墾。〔註4〕	

〔註1〕余定邦、喻常森等，《近代中國與東南亞關係史》，廣州：中山大學出版社，1999，頁 69。
〔註2〕〔英〕維多・巴素（Victor Purcell）著；郭湘章譯，《東南亞之華僑》，臺北：國立編譯館出版：正中書局印行，1966，頁 96。
〔註3〕鄭天挺主編，《清史・上編》，天津：天津人民出版社，2011，頁 181～188。
〔註4〕李珪主編，《雲南近代經濟史》，昆明：雲南民族出版社，1995，頁 10～11。

1718		雲貴總督顎爾泰組織疏濬了從黃平到洞庭湖的烏江下游段。同年，顎爾泰同修了從安順到關索的道路並增加了一些支線。〔註5〕	
1725		雲貴總督顎爾泰重修了從安順到關索的道路並增加了一些支線。〔註6〕	
1726		雲貴總督顎爾泰組織疏濬了從黃平到洞庭湖的烏江下游段。〔註7〕	
1729		清政府完成南寧道的建設，之後很快成爲西南地區間商業往來的主要通道。雲貴總督顎爾泰組織開挖了一條從貴州都勻到湖南黔陽的連接河道，也被稱作清水。同年，顎爾泰又清理了從貴州三合到廣西柳州的都柳江。同年，廣西升格爲一省，清政府從雲南呈貢到廣西田陽新建了一條包括25個驛站的幹道。〔註8〕	
1730		雲貴總督顎爾泰同修了從安順到關索的道路並增加了一些支線。〔註9〕	
1738		貴州總督張廣泗組織開挖了一條從貴州都勻到湖南黔陽的連接河道，也被稱作清水。〔註10〕	
1743		貴州總督張廣泗組織清理了從貴州三合到廣西柳州的都柳江。〔註11〕	

〔註5〕 李中清著；林文勛等譯，《中國西南邊疆的社會經濟：1250～1850》，北京：人民出版社，2012，頁83、85。
〔註6〕 李中清著；林文勛等譯，《中國西南邊疆的社會經濟：1250～1850》，頁85。
〔註7〕 李中清著；林文勛等譯，《中國西南邊疆的社會經濟：1250～1850》，頁83。
〔註8〕 李中清著；林文勛等譯，《中國西南邊疆的社會經濟：1250～1850》，頁74、80、83、85。
〔註9〕 李中清著；林文勛等譯，《中國西南邊疆的社會經濟：1250～1850》，頁85。
〔註10〕 李中清著；林文勛等譯，《中國西南邊疆的社會經濟：1250～1850》，頁83。
〔註11〕 李中清著；林文勛等譯，《中國西南邊疆的社會經濟：1250～1850》，頁83。

1745		貴州總督張廣泗開始組織疏濬從貴州畢節附近到仁懷（今屬四川）的赤水河。〔註12〕	
1747		貴州總督張廣泗開始組織疏濬從雲南東北部到四川南部的金沙江。〔註13〕	
1748		爲了輸出銅和鋅，清政府在貴州西北部修建了一個類似郵傳系統的驛站系統。同時，張允隨下令修建了從宣威到昭通長約 500 多公里的驛道。〔註14〕	
1749		雲貴總督張允隨疏濬完成了從雲南東北部到四川南部的金沙江。〔註15〕	
1750		貴州巡撫（或是雲南巡撫）愛必達疏濬完成從貴州畢節附近到仁懷（今屬四川）的赤水河。同年，疏濬了從滇池通向金沙江的螳螂川（普渡河）。〔註16〕	孟族政權派遣使者至法國東印度公司（Compagnie française des Indes orientales）在印度的領地本地治里（Pondicherry）後，開始與法國有密切的往來，並得到後者的支持。〔註17〕
1753			緬族繆紀（Myothugyi）〔註18〕雍籍牙（Aungzeya）稱王，建立貢榜（Konbaung）王朝。〔註19〕

〔註12〕 李中清著：林文勛等譯，《中國西南邊疆的社會經濟：1250～1850》，頁 84。
〔註13〕 李中清著：林文勛等譯，《中國西南邊疆的社會經濟：1250～1850》，頁 84。
〔註14〕 李中清著：林文勛等譯，《中國西南邊疆的社會經濟：1250～1850》，頁 85。
〔註15〕 李中清著：林文勛等譯，《中國西南邊疆的社會經濟：1250～1850》，頁 84。
〔註16〕 李中清著：林文勛等譯，《中國西南邊疆的社會經濟：1250～1850》，頁 84。
〔註17〕 陳鴻瑜，《緬甸史》，臺北：臺灣商務印書館，2016，頁 76。
〔註18〕 繆紀（Myothugyi）是一種官銜，爲緬甸的省以下地方行政區繆（Myo）的領袖，他同時是地方封建的世襲領主，也是省的行政機關管理官吏，對地方的行政有很大的管理權限，參考自黃祖文，〈英國征服前夕緬甸的國家制度〉，收入黃祖文編譯，《緬甸史譯叢》，新加坡：南洋學會，1984，頁 37。
〔註19〕 賀聖達，《緬甸史》，北京：人民出版社，1992，頁 219～222。

1754			雍籍牙攻下孟族（Mon）佔領的緬族京城阿瓦（Ava）。同年，英國東印度公司（British East India Company）出兵佔領伊洛瓦底江三角洲的尼格萊斯（Negrais）島，並要求孟族政權讓與該島，但遭到拒絕。〔註20〕
1755			英國東印度公司派遣使者赴緬甸，積極與雍籍牙的貢榜政府建立關係，並取得雍籍牙口頭承諾給予英國東印度公司在緬甸的貿易特權，以及允許英國東印度公司佔領尼格萊斯島；而英國東印度公司也允諾對貢榜政權提供武器。〔註21〕
1757			雍籍牙率軍攻下孟族政權的最後一個據點勃固（Pegu），基本統一了緬甸。〔註22〕
1759			雍籍牙下令軍隊攻打尼格萊斯，屠戮島上英國東印度公司人員。〔註23〕
1760			英國東印度公司派遣使者赴緬會見緬甸國王莽紀瑞（Naungdawgyi）談判尼格萊斯島事件的善後處理，但談判破裂，緬英間的官方關係中斷。〔註24〕

〔註20〕賀聖達，《緬甸史》，頁219～222。
〔註21〕賀聖達，《緬甸史》，頁219～222。
〔註22〕〔俄〕莫熱伊科、烏季諾夫著；黃祖文譯，〈緬甸史（1733～1885）〉，收入黃祖文編譯，《緬甸史譯叢》，新加坡：南洋學會，1984，頁1～3。
〔註23〕賀聖達，《緬甸史》，頁219～222。
〔註24〕賀聖達，《緬甸史》，頁219～222。

1763			緬甸進入孟駁（Shinbyushin）執政時期（1763~1776）〔註25〕
1765	清緬戰爭爆發，清政府禁止了滇緬間的邊關互市。〔註26〕		孟駁遷緬京於阿瓦後，在阿瓦城內實施種族分區居住制度，其中即有一區為華商居住區。〔註27〕
1769	清政府任命為經略的傅恆親自率領軍隊，出兵緬甸。〔註28〕		
1770			清政府單方面關閉了滇緬邊境，禁止華商進入緬境貿易。〔註29〕
1776			孟駁死，其子贅角牙繼位。〔註30〕
1777	清政府傳諭廣東巡撫李質穎等在「海口嚴行查禁，如有裝載棉花船隻，概不許其進口」。〔註31〕		
1782			緬甸進入孟雲（Bodawpaya）執政時期（1782~1819）〔註32〕
1783			此年起，孟雲下令各地繆紀針對全國經濟情況調查，並將其製作成悉檔（Sittan）。〔註33〕

〔註25〕 賀聖達，《緬甸史》，頁216。

〔註26〕 〔清〕阿里袞，〈阿里袞奏請定姦民販貨出緬之罪以重軍紀摺〉，收入國立故宮博物院編，《宮中檔乾隆朝奏摺》輯31，頁78。

〔註27〕 〔英〕哈威著；姚枬譯註，《緬甸史》，北京：商務印書館，1957，頁29。

〔註28〕 《清高宗實錄》卷843，頁11。

〔註29〕 賀聖達，《緬甸史》，頁172~185。

〔註30〕 賀聖達，《緬甸史》，頁166。

〔註31〕 馮立軍，〈論明至清中葉滇緬貿易與管理〉，《南洋問題研究》3（廈門，2005），頁86。

〔註32〕 賀聖達，《緬甸史》，頁166。

〔註33〕 悉檔（Sittan）是一種官方檔案，是貢榜時期緬甸的國家歲入調查報告，為繆的首領繆紀用以向貢榜政府報告本繆的大小、村和人口數量，課稅的數額和形式，以及關於繆紀自己對繆土地繼承權等情況，參考自黃祖文，〈英國征服前夕緬甸的國家制度〉，收入黃祖文編譯，《緬甸史譯叢》，頁32。

1784		清政府將重慶道修建至貴州北部。〔註34〕	
1785			孟雲派兵佔領阿臘干（Arakan）。〔註35〕
1788	緬甸國王孟雲遣使入貢中國。〔註36〕		
1789	乾隆皇帝下令放寬對緬甸棉花輸入雲南的限制。〔註37〕		
1790	清政府正式解除對緬甸的閉關禁市。〔註38〕 依據1790年成書的《緬考》記載，「西洋貨物，集於漾貢，閩廣皆通」。〔註39〕		
1792			英印總督康沃爾斯派遣斯萊爾上校非正式赴緬，要求緬甸政府保護英國商人利益。〔註40〕
1795			英國東印度公司派遣希姆斯（Symes）出使緬甸。〔註41〕
1802			英國東印度公司再次派遣希姆斯（Symes）出使緬甸。〔註42〕
1803			1803 英國東印度公司派遣康寧（Canning）出使緬甸。〔註43〕

〔註34〕李中清著；林文勛等譯，《中國西南邊疆的社會經濟：1250～1850》，頁74。

〔註35〕〔俄〕莫熱伊科、烏季諾夫著；黃祖文譯，〈緬甸史（1733～1885）〉，收入黃祖文編譯，《緬甸史譯叢》，頁12。

〔註36〕余定邦、喻常森等，《近代中國與東南亞關係史》，頁129。

〔註37〕余定邦、喻常森等，《近代中國與東南亞關係史》，頁133。

〔註38〕賀聖達，《緬甸史》，頁172～185。

〔註39〕林錫星，〈廣東在中緬經貿關係中的作用〉，《東南亞研究》Z1（廣州，2000），頁51。

〔註40〕賀聖達，《緬甸史》，頁221。

〔註41〕賀聖達，《緬甸史》，頁221～222。

〔註42〕賀聖達，《緬甸史》，頁221～222。

〔註43〕賀聖達，《緬甸史》，頁221～222。

1806		緬甸在猛拱建立稅局徵收翠玉稅，並派駐軍隊保護商民。從此，猛拱代替了八莫，成爲翡翠的貿易中心。〔註44〕
1809		英國東印度公司再次派遣康寧（Canning）出使緬甸。〔註45〕
1811		英國東印度公司再次派遣康寧（Canning）出使緬甸。〔註46〕 阿臘干領袖欽比揚（Chin Byan）自英國東印度公司控制的印度領地，渡過印緬界河內府河（Naaf）攻入阿臘干。〔註47〕
1819		1819 年孟雲的孫子孟既（Bagyidaw）執政。〔註48〕
1824		第一次英緬戰爭爆發。〔註49〕
1826		貢榜政府與英軍於楊端波談判停戰並簽訂《楊端波條約》。緬甸割讓阿臘干、丹那沙林（Tenasserim）等地；緬甸須賠償英國東印度公司一千萬盧比；英國船隻可以自由進出緬甸港口，且商船免稅等。〔註50〕 9 月，緬英雙方簽訂商業條約，條約規定，英緬雙方相互允許對方的商人

〔註44〕 牛秉鉞，《翡翠史話》，北京：紫禁城出版社，1994，頁 13。
〔註45〕 賀聖達，《緬甸史》，頁 221～222。
〔註46〕 賀聖達，《緬甸史》，頁 221～222。
〔註47〕 陳鴻瑜，《緬甸史》，頁 91～95。
〔註48〕 賀聖達，《緬甸史》，頁 226。
〔註49〕 〔英〕哈威著：姚枬譯註，《緬甸史》，頁 333。
〔註50〕 〔英〕哈威著：姚枬譯註，《緬甸史》，頁 333。

			在各自的國境內自由貿易，同時緬甸政府擬訂港口關稅等。〔註51〕
1837			親王孟坑（Tharrawaddy）起兵，緬甸國王孟既被迫於同年讓位予孟坑。〔註52〕
1846			孟坑死去，其子蒲甘曼（Pagan）執政（1846～1853）。〔註53〕
1852			第二次英緬戰爭爆發。戰後，英國東印度公司宣布佔領勃固地區。〔註54〕
1853			蒲甘曼遭到王弟明頓（Mindon）篡位。〔註55〕仰光港建成。〔註56〕
1854		在大理與楚雄所發生的漢回礦廠爭奪。〔註57〕	緬王明頓宣布棉花收歸政府專賣。〔註58〕
1855			英國人亨利·郁魯（Yule Henry）前往上緬甸地區考察。〔註59〕

〔註51〕 Maung Htin Aung, *A History of Burma*（New York &London: Columbia University, 1967）, pp.218. 轉引自陳鴻瑜，《緬甸史》，頁98。
〔註52〕 賀聖達，《緬甸史》，頁237。
〔註53〕 賀聖達，《緬甸史》，頁237。
〔註54〕 〔俄〕莫熱伊科、烏季諾夫著；黃祖文譯，〈緬甸史（1733～1885）〉，收入黃祖文編譯，《緬甸史譯叢》，頁20～21。
〔註55〕 〔俄〕莫熱伊科、烏季諾夫著；黃祖文譯，〈緬甸史（1733～1885）〉，收入黃祖文編譯，《緬甸史譯叢》，頁20～21。
〔註56〕 陸韌，《雲南對外交通史》，昆明：雲南大學出版社及雲南人民出版社，2011，頁265。
〔註57〕 王樹槐，《咸同雲南回民事變》，臺北：中央研究院近代史研究所，1980，頁99～108。
〔註58〕 Yule Henry, *A Narrative of the Mission Sent by the Governor-general of India to the Court of Ava in 1855, with Notices of the Country, Government, and People*（London: Smith Elder and Co, 1858）, p.144.
〔註59〕 Yule Henry, *A Narrative of the Mission Sent by the Governor-general of India to the Court of Ava in 1855, with Notices of the Country, Government, and People*（London: Smith Elder and Co, 1858）, p.146.

1856		在昆明的城垣發生屠戮回民事件。〔註60〕 9月，大理及其周遭的回民佔領大理府城，推舉杜文秀爲總統兵馬大元帥，並成立「平南國」。〔註61〕	
1858		騰越廳「刀兵之餘時疫流行，吾民幾無噍類矣」。〔註62〕	
1861	到1861年，採購玉石的廣東商人改變路線，直接由海路從廣州前往緬甸，由仰光至曼德勒，再用帆船將玉石從海路運回廣州加工琢磨。〔註63〕	回軍攻下永昌府城與騰越廳城。〔註64〕騰越廳「近城村落餓死者相枕藉，自後連年皆饑，居民有食人肉者」〔註65〕	英國在下緬甸發行貨幣，使下緬甸經濟進入貨幣經濟時代。〔註66〕
1862		永昌府「瘟疫大行，屍骸遍野」〔註67〕	英印政府遣使赴緬京曼德勒與貢榜政府談判並簽訂《1862年英緬條約》，規定緬甸割讓勃固地區予英國，貢榜政府則准許英國人至上緬甸建屋貿易、英國可以設使館於緬京曼德勒、英國船可在伊洛瓦底江上航行，以達於緬京曼德勒。此外貢榜政府也准許英國人經由上緬甸自由前往雲南，

〔註60〕 王樹槐，《咸同雲南回民事變》，頁99～108。
〔註61〕 〔清〕唐炯，《續雲南通志稿》卷81，〈戎事〉，臺北：文海出版社，光緒27年四川岳池縣刊本，1966，頁12。
〔註62〕 〔清〕曹琨，《騰越杜亂紀實》，收入李根源輯，《西南稀見叢書文獻》卷3，北京：學苑出版社，騰衝李氏曲石精廬民國十七年印本，2009。
〔註63〕 聶德寧，《近現代中國與東南亞經貿關係史研究》，廈門：廈門大學出版社，2001，頁206。
〔註64〕 〔清〕岑毓英，《岑襄勤公奏稿》卷3，臺北：成文出版社，光緒23年刻本，1969，頁6～7。
〔註65〕 〔清〕曹琨，《騰越杜亂紀實》，頁224。
〔註66〕 賀聖達，《緬甸史》，頁250～251。
〔註67〕 〔清〕劉毓珂，《永昌府志》卷28，〈戎事〉，臺北：成文出版社，光緒11年刊本，1967，頁27。

			並准許華人自由取道緬境到英國屬地，藉以重開滇緬間的商路，而貢榜政府的條件是中國貨物輸出，按值徵稅百分之一，輸入則否。〔註68〕
1863			英國駐緬代表惠廉士（Williams）自緬京曼德勒北上，調查八莫及其周邊地區狀況。〔註69〕
1864		雲貴總督崇光在雲南創設釐金局，按月向坐商徵收「板釐」，也在交通要道設卡向行商徵收「活釐」。〔註70〕	「伊洛瓦底江船隊和緬甸輪船航運有限公司」，開始投入伊洛瓦底江航運的開發。〔註71〕
1865		騰越「附郭村民日苦苛役，夜苦橫劫，兵賊踩躪，田園荒蕪，米珠薪桂，死於兵燹、饑饉、瘟疫者逐年滋多」〔註72〕	
1867			英國與貢榜政府簽訂《1867年英緬條約》，其中規定英國政府得任命官員常駐緬甸境內任何稅關所在地，處理所有涉及關稅的英國商務，並得以就地購地建屋居住；貢榜政府同意英國派遣官員經由八莫（Bhamo）前往雲南調查的計畫。〔註73〕此外，貢榜政府也同意取消對柚木、石油和紅寶石以外的一切輸出品的專賣壟斷。〔註74〕

〔註68〕 黃嘉謨，《滇西回民政權的聯英外交》，臺北：中央研究院近代史研究所，1976，頁64、88。

〔註69〕 黃嘉謨，《滇西回民政權的聯英外交》，頁80～114、131～144。

〔註70〕 李珪主編，《雲南近代經濟史》，頁156。

〔註71〕 賀聖達，《緬甸史》，頁246、255～256。

〔註72〕 〔清〕曹琨，《騰越杜亂紀實》，頁229。

〔註73〕 黃嘉謨，《滇西回民政權的聯英外交》，頁64、88。

〔註74〕 賀聖達，《緬甸史》，頁269～270。

1868	英國駐緬京代表施樂登（E. B. Sladen）率領探險隊欲自上緬甸商業重鎮八莫出使位於大理的回民政權。〔註75〕	
1869		根據《1867年英緬條約》英國在八莫設置代表處並派駐代表。〔註76〕「伊洛瓦底江船隊和緬甸輪船航運有限公司」開設了由仰光駛往曼德勒及八莫的航線。〔註77〕
1871	清軍軍官王芝自騰越定衝軍軍營出發前赴歐洲，途經舊緬京阿摩羅補羅，並拜訪清軍將領李珍國在當地所開設的「和順玉行」。〔註78〕	清兵攻下永昌府城時，「民半死於賊，半死於饑，存者十之一二，野菜田螺，搜食一空」〔註79〕
1873		清軍攻入回軍的最後據點騰越廳，雲南全境基本歸於清政府的掌控。〔註80〕
1875	英國調查隊在騰越與八莫間遭到攻擊，英國駐滬領事館翻譯官馬嘉禮遭到殺害，此即「馬嘉禮事件」。〔註81〕	

〔註75〕 李珍國的部隊阻撓施樂登探險隊，主要有兩個原因，其一，為了打擊回民政權的經濟；其二，為了避免英國探險隊在探明雲南與緬甸間的交通路線後，奪取華商在滇緬貿易中的主導地位。參考自黃嘉謨，《滇西回民政權的聯英外交》，頁93～95。
〔註76〕 黃嘉謨，《滇西回民政權的聯英外交》，頁80～114、131～144。
〔註77〕 賀聖達，《緬甸史》，頁246、255～256。
〔註78〕 〔清〕王芝，《海客日譚》卷2，臺北：文海出版社，光緒2年石城刊本，1985，頁12。
〔註79〕 〔清〕唐炯，《續雲南通志稿》卷82，〈戎事〉，頁28。
〔註80〕 黃嘉謨，《滇西回民政權的聯英外交》，頁218～219。
〔註81〕 謝本書等，《雲南近代史》，昆明：雲南人民出版社，1993，頁69～81。

1876	英國與中國簽訂《中英煙臺條約》及其續約專條，此約規定中國開放長江中上游的商埠，也讓外國貨物在中國取得免收釐金的特權；此外，清政府也同意「所有滇省邊界與緬甸地方來往通商一節應如何明定章程，於滇案議結摺內，一併請旨飭下雲南督撫，俟英國所派官員赴滇後即選派妥幹大員會同妥爲商訂」。〔註82〕		「伊洛瓦底江船隊和緬甸輪船航運有限公司」更名爲「伊洛瓦底江輪船公司」。〔註83〕1876 年英國殖民當局更頒布了《緬甸土地與稅收法案》，確立了下緬甸的土地私有權。〔註84〕
1877			仰光到卑謬（Prome）的鐵路建成通車〔註85〕
1878	黃懋材自四川省城成都啓程，經由雲南、緬甸前往歐洲。〔註86〕		緬王明頓死後,其子錫袍（Thibaw）繼位，並廢除了若干明頓時期的改革項目。〔註87〕
1884			仰光至東吁（Taungoo）的鐵路也建成通車。〔註88〕
1885			英國以柚木案爲由向緬甸宣戰，第三次英緬戰爭爆發。年底英軍在幾乎沒有反抗的情況下攻入緬

〔註82〕《總理各國事務衙門》檔案，〈煙臺條約續增專條〉，中央研究院近代史研究所檔案館藏，館藏號：01-21-033-04-001。
〔註83〕賀聖達，《緬甸史》，頁246、255～256。
〔註84〕賀聖達，《緬甸史》，頁250～251。
〔註85〕賀聖達，《緬甸史》，頁246、255～256。
〔註86〕〔清〕黃懋材，〈西輏日記〉，收入〔清〕王錫祺編，《小方壺齋輿地叢鈔》帙10 冊54，臺北：廣文書局，光緒17年上海著易堂鉛印本，1962，頁426～427。
〔註87〕〔俄〕莫熱伊科、烏季諾夫著；黃祖文譯，〈緬甸史（1733～1885）〉，收入黃祖文編譯，《緬甸史譯叢》，頁23。
〔註88〕賀聖達，《緬甸史》，頁246、255～256。

			京曼德勒，擄走國王錫袍及其王后。〔註89〕
1886	1886 年英國宣布兼併上緬甸後，與清政府簽訂《中英緬甸條款》，中國承認英國對上緬甸的統治，也應允「中緬邊界應由中英兩國派員會同勘定，其邊界通商事宜亦應另立專章，彼此保護振興」〔註90〕。	1886 年，雲南署迤南道吳其禎與永昌知府余澤春查閱考證騰越關隘的佈置，並編輯成〈緬甸圖說〉。〔註91〕	英國宣佈併吞上緬甸，緬甸成為英屬印度的一個省。〔註92〕
1887		法國與中國簽訂《中法續議商務專約》，清政府同意在蒙自設立海關開放貿易，蒙自遂於 1889 年正式開放為商埠。〔註93〕	
1889	「洪盛祥」商號於仰光、曼德勒、臘戍、和八莫設立分店，主要經營生絲，茶葉的出口以及外國機製棉紗、棉布、棉花以及緬甸玉石的進口。〔註94〕		東吁至曼德勒的鐵路建成。〔註95〕
1892	出使英法義比四國大臣薛福成開始與英國政府針對滇緬邊界的劃定進行談判。〔註96〕		

〔註89〕賀聖達，《緬甸史》，頁 272～276、483。
〔註90〕《總理各國事務衙門》檔案，〈中英緬甸條款〉，中央研究院近代史研究所檔案館藏，館藏號：01-21-064-07-002。
〔註91〕〔清〕吳其禎，〈緬甸圖說〉，收入〔清〕王錫祺編，《小方壺齋輿地叢鈔》再補編帙 10，臺北：廣文書局，1962。
〔註92〕賀聖達，《緬甸史》，頁 276、286～287。
〔註93〕謝本書等，《雲南近代史》，頁 134。
〔註94〕李晨陽、楊祥章，〈近代雲南與緬甸的貿易往來及其影響〉，《中國邊疆史地研究》23：1（北京，2013），頁 82。
〔註95〕賀聖達，《緬甸史》，頁 293～295。
〔註96〕〔清〕薛福成，《出使英法義比四國日記》卷 4，臺北：文海出版社，光緒 18 年鉛印本，1985。

1893		西南運輸處設立了騰衝駄運管理所，招僱沿線馬幫、人夫，開闢了保山至騰衝及騰衝至緬甸八莫的滇緬國際驛運線。〔註97〕	
1894	英國與中國簽訂《中英續議滇緬界務商務條款》，清政府准許滇緬間可以由蠻允、盞西這兩條太平江兩岸的商道進行貿易，並同意英國在蠻允派駐領事官，且待日後貿易昌旺後，再選一處設立海關。〔註98〕		
1895		法國與中國簽訂《中法續議商務界務專條》，清政府同意在思茅設立海關並開放對法國通商。〔註99〕	
1897	英國與中國簽訂《中英緬甸條約附款暨專條》，簽訂後清政府允許英國將駐蠻允的領事館改駐騰越或順寧，並允許英國在思茅設領通商。〔註100〕		
1898			曼德勒至猛拱、密支那的鐵路建成。〔註101〕

〔註97〕 李晨陽、楊祥章，〈近代雲南與緬甸的貿易往來及其影響〉，頁93。

〔註98〕 《總理各國事務衙門》檔案，〈續議滇緬界務商務條款〉，中央研究院近代史研究所檔案館藏，館藏號：01-23-001-01-002。

〔註99〕 《總理各國事務衙門》檔案，〈第十六號續議商務專條〉，中央研究院近代史研究所檔案館藏，館藏號：01-24-035-02-002。

〔註100〕 《總理各國事務衙門》檔案，〈中英緬甸條約附款暨專條〉，中央研究院近代史研究所檔案館藏，館藏號：01-21-065-04-005。

〔註101〕 賀聖達，《緬甸史》，頁293～295。

1902		騰越海關設立，正式通商。〔註 102〕	曼德勒到臘戌的鐵路建成。〔註 103〕
1910		滇越鐵路通車。〔註 104〕	
1931	國民政府內政部與外交部委派的尹明德調查隊進入上緬甸地區考察。〔註 105〕		

〔註 102〕余定邦、喻常森等，《近代中國與東南亞關係史》，頁 164。

〔註 103〕賀聖達，《緬甸史》，頁 293～295。

〔註 104〕夏光南，《中印緬道交通史》，上海：中華書局，1948，頁 107～108。

〔註 105〕《外交部》檔案，〈滇緬北段界務調查報告〉，中央研究院近代史研究所檔案館藏，館藏號：11-29-11-09-043。